**Natália Dourado von Rahden**
unter Mitarbeit von **Teresa Di Fonzo**



# Vamos ver

## Aufbaukurs Portugiesisch

Max Hueber Verlag

## Quellennachweis

### Fotos

*S. 30 unten rechts:* Christian Regenfus, München · *S. 50/51:* Herbert Schiessl, Unterföhring · *S. 53 oben:* Werber Tobias, Osnabrück; *Mitte/unten:* Herbert Schiessl, Unterföhring · *S. 71:* António Homem Cardoso, Plattenhülle (Rui Veloso, Mingos & Os Samurais) · *S. 94:* aus «Região de turismo do Alto Minho», Delegação de Ponte de Lima · *S. 103 unten:* Werner Tobias, Osnabrück · *S. 108:* Plattenhülle (Coimbra fados, MEP 60050 Alvorada) · *S. 114/115/148:* Werner Tobias, Osnabrück · *S. 158/162:* aus: «Unesco Courier», April 1989 · *S. 170 oben:* Interfoto, München (Max Erben); *Mitte:* Bildagentur Mauritius, Mittenwald; *unten:* Interfoto, München · *S. 172:* Herbert Schiessl, Unterföhring · *S. 176 oben links:* Interfoto, München (Camera Press); *oben rechts:* aus «Portugal, liberdade é também vontade», Ministério da Comunicação Social 1975; *unten links/Mitte:* aus «História de Portugal», Vol. 4, Porto Editora; *unten rechts:* aus «25 de Abril», Documento, Casa viva Editora, Lisboa · *S. 177 oben:* dpa/epa; *unten:* aus «Expresso» v. 16. 6. 1989 · *S. 185:* dpa/epa · *S. 187:* Herbert Schiessl, Unterföhring
*Alle übrigen Fotos:* Jürgen von Rahden, Hamburg

### Texte und Realien

*S. 12:* Instituto do Emprego e Formação Profissional · *S. 20:* Tesos, como sempre – aus «Sábado» v. 5. 5. 1990 · *S. 32:* A aventura da mãe solteira – aus «As Minhas Aventuras na República Portuguesa», Assírio e Alvim, Lisboa · *S. 35:* Na cauda da Europa – aus «Sábado» v. 5. 5. 1990 · *S. 38:* Uma casa portuguesa v. R. Ferreira / V. M. Sequeira /A. Fonseca · *S. 52:* Plan aus «Jardins de França», Empreendimentos Imobiliários S. A., Porto · *S. 55:* Casa, aluga-se – aus «Expresso» v. 13. 7. 1991 · *S. 71/73:* Baile da Paróquia v. Rui Veloso · *S. 75:* Os novos pais – aus «Sábado» v. 17. 2. 1990 · *S. 80:* Kartenausschnitt aus «8 mal Portugal» v. Fritz René Allemann, © R. Piper & Co. Verlag, München 1971 · *S. 92:* Artesãos cantam de galo – aus «Público» v. 11. 9. 1990 · *S. 98:* aus «Por caminhos não andados» v. Pedro de Carvalho, Porto Editora · *S. 116:* aus «Porto» Magazine, 5/91 · *S. 136:* As classes automóveis aus «Os meus problemas», Assírio e Alvim, Lisboa · *S. 140:* Os primeiros transportes públicos – aus «Gente» v. 3. 1. 1990 · *S. 142:* Portugal precisa de andar muito – aus «Expresso Sábado» v. 21. 10. 1989 · *S. 145:* A caminho do séc. XXI – aus «Expresso Sábado» v. 21. 10. 1989 · *S. 146:* aus «Expresso Sábado» v. 21. 10. 1989 / 28. 12. 1991 · *S. 149:* O rio da minha aldeia – aus «Expresso Sábado» v. 21. 10. 1989 · *S. 154/155:* Mar negro – aus «Sábado» v. 24. 2. 1990 · *S. 159:* Carta de Pêro Vaz de Caminha – aus «Publicações Europa-América · *S. 169:* aus «História Activa 2», Edições ASA, Porto · *S. 174:* Statistik aus «Diário de Notícias» v. 31. 5. 1990; Os principais partidos políticos – aus «O caminho de Portugal da Revolução para a estabilidade», Das Parlament, Bonn v. 13. 3. 1992 · *S. 178:* Africa, o 25 de Abril – aus «O Independente» v. 20. 4. 1990 · *S. 179:* A ilusão de Africa – aus «Expresso Sábado» v. 5. 5. 1990 · *S. 184:* Rumo à Europa – aus «Sábado» v. 7. 12. 1990 · *S. 185:* Euromercado, euroconsumo – aus «Expresso Sábado» v. 2. 2. 1991 · *S. 187:* Chegar aqui v. Manuel Alegre



3. 2. 1. | Die letzten Ziffern
1998 97 96 95 94 | bezeichnen Zahl und Jahr des Druckes.
Alle Drucke dieser Auflage können, da unverändert, nebeneinander benutzt werden.
1. Auflage

Zeichnungen: Franziska Rosentreter, Hamburg
Umschlagfoto: Volkmar E. Janicke, München
Satz: Typo Dreitausend, München
Druck: Manz AG, Dillingen
Printed in Germany
ISBN 3-19-005184-4

**Vamos ver** wendet sich an Jugendliche und Erwachsene, die bereits durch „Vamos lá“ oder andere Lehrwerke Grundkenntnisse des Portugiesischen erworben haben und sich vertiefend mit der portugiesischen Sprache und Kultur beschäftigen möchten. In diesem Sinne ist **Vamos ver** eine Fortsetzung von „Vamos lá“ und beruht, wie dieses, methodisch auf kommunikativen Prinzipien.

**Vamos ver** bietet Ihnen zehn *Unidades*, die folgendermaßen aufgebaut sind:

- *Verschiedenste Texte* (Dialoge, erzählende und beschreibende Texte, Realien wie Zeitungsausschnitte und -artikel, ein historischer Text, Lieder, Gedichte usw.) bilden den Ausgangspunkt für das Erlernen von Redemitteln und Sprachstrukturen sowie grammatischen Sachverhalten.
- Es folgt eine *Übersicht* über die im Text enthaltenen *kommunikativen Redemittel.*
- *Zahlreiche Actividades* ermöglichen Ihnen, sich die Redemittel, Sprachstrukturen und grammatischen Erscheinungsformen einzuprägen, die Sie brauchen, um frei sprechen zu können. Hinzu kommen kurze Hörtexte und längere authentische Interviews zum Trainieren des Hörverstehens sowie Lese- und Schreibübungen.
- Am Schluß der *Unidades* finden Sie meistens *komplexere authentische Texte*, die sich von der alltagspraktischen Verwendung entfernen und Anlaß zu persönlicher Stellungnahme bieten.

Der **Begleitband** zu „Vamos ver“ (Hueber-Nr. 3.5184) enthält:

- den nach Lektionen geordneten Wortschatz
- ein alphabetisches Wortschatzregister
- einen systematischen Überblick über die lektionsweise behandelte Grammatik
- Transkriptionen der Hörtexte, soweit sie nicht in den *Unidades* abgedruckt sind.

Eine **Compact-Cassette** (Hueber-Nr. 2.5184) führt Ihnen vor, wie portugiesische Muttersprachler die mit dem Cassettenzeichen versehenen Texte in natürlicher Sprechgeschwindigkeit sprechen.

Die Vielseitigkeit und die große Zahl der *Actividades* – im Schnitt neunzehn pro *Unidade* – machen ein Übungsbuch überflüssig. Die mit dem -Symbol gekennzeichneten *Actividades* sind jeweils in erster Linie als Hausaufgabe gedacht. Darüber hinaus können weitere *Actividades* zu Hause schriftlich ausgeführt werden, nachdem sie zuvor im Unterricht mündlich durchgespielt wurden. Es steht dem Kursleiter frei, die eine oder andere Übung dafür auszuwählen, so wie es der Unterrichtsverlauf nahelegt.

Neben der Sprachvermittlung ist es das Anliegen von **Vamos ver**, Ihnen ein lebendiges und aktuelles Bild von Portugal, seinen Menschen und Regionen, seinen Problemen und Perspektiven sowie seiner Eingliederung in das zusammenwachsende Europa zu vermitteln. Auf diese Weise möchte es auch einen Beitrag zum interkulturellen Dialog leisten.

Zum Schluß sei all denen gedankt, die mit ihren Anregungen zum Entstehen dieses Buches beigetragen haben, insbesondere den Kursteilnehmerinnen und Kursteilnehmern der Portugiesischkurse in der Hamburger Volkshochschule, mit denen das vorliegende Material drei Jahre hindurch erprobt wurde. Einige waren bereits bei der Erprobung von „Vamos lá" dabei – das bedeutet, über fünf Jahre „kreativer Geduld"!

An der Entstehung dieses Buches haben mitgewirkt:

Jürgen von Rahden
Manuel von Rahden
Joana Vieira Santos
Manuela Nobre
Ute Mertens
Constança de Andrade
J. Guilherme de Almeida Sedas
Adelina de Almeida Sedas
Jürgen Keicher

Ihnen allen gilt unser besonderer Dank.

## Unidade 1

| Thema/Situation | Lernziele | Grammatik |
|---|---|---|
| **1**<br>**Lamento muito**<br>Ein Kollege wird vom Flughafen abgeholt | Wie man jemanden wiedererkennt und sich selbst zu erkennen gibt<br><br>Wie man sich entschuldigt und Entschuldigungen entgegennimmt | Wiederholung der Personalpronomina *o, a, os, as* nach Infinitiv |
| **Das Schulsystem in Portugal**<br>**2**<br>**O currículo**<br>Der Lebenslauf | Wie man Lebensläufe von anderen wiedergibt und von sich selbst erzählt | Wiederholung des *perfeito* und *imperfeito* |
| **3**<br>**Espero que goste do hotel**<br>Ein Arbeitskollege wird zum Hotel gebracht, und man verabredet sich zu einem Arbeitstreffen | Wie man Hoffnungen und (gute) Wünsche äußert<br><br>Wie man ein Arbeitstreffen vereinbart | *Presente do conjuntivo* im Nebensatz nach:<br>Espero que …<br>Desejo que …<br>Deus queira que …<br>Não creio que …<br><br>*Presente do conjuntivo* im Hauptsatz nach:<br>Oxalá<br>Talvez |

| | | |
|---|---|---|
| **T1** | Numa casa têm todos que trabalhar | Lebenssituation einer Arbeiterin, die ihren Hauptschulabschluß nachholt |
| **T2** | Tesos como sempre | Portrait des portugiesischen Arbeiters |

# UNIDADE 1

## 1 Lamento muito

☐ Desculpe, o senhor é o Eng. Ferreira de Sousa?
■ Sou sim.
☐ Carlos Sampaio, da Sopal.
■ Ah! Muito prazer. Como é que me reconheceu?
☐ Pela foto do seu currículo.
■ Ah! Por isso ...
Até que enfim que chegámos!
Já está há muito tempo à espera, não?
Lamento muito fazê-lo esperar, mas o avião já saiu com atraso de Frankfurt ...
☐ Olhe, foi a minha sorte, apanhei um engarrafamento na Via Norte ... também cheguei agora!
■ Há muito engarrafamento por cá?
☐ Em certas zonas e à hora de ponta, sim.

Até que enfim!

| | |
|---|---|
| Desculpe chegar atrasado.<br>Lamento muito fazê-lo esperar.<br>Tenho muita pena mas não posso ir à sua casa. | Não faz mal.<br>Não se preocupe.<br>Deixe lá, fica para outra vez. |
| Já está há muito tempo à espera, não? | Não, não, também cheguei agora. |

**Actividade 1** À espera de ... ou à procura de ...?

Leiam as seguintes frases e descrevam o que as pessoas estão a fazer, empregando as expressões «à espera de ...» e «à procura de ...».

**Actividade 2**

Em grupos de três representem as situações acima indicadas: A primeira pessoa faz uma daquelas perguntas:

> O senhor viu a minha bagagem?

A segunda pessoa do grupo não sabe informar:

> Não, não vi, mas um momento.

E pede ajuda à terceira, empregando «à espera de» ou «à procura de».

> Oh! Mário, está aqui um senhor à procura da bagagem. Viste-a?

A terceira, finalmente informa.

> Sim, sim. Está atrás da porta.

Continuem ...

**Actividade 3** Fica para outra vez.

Leia com atenção as seguintes expressões:

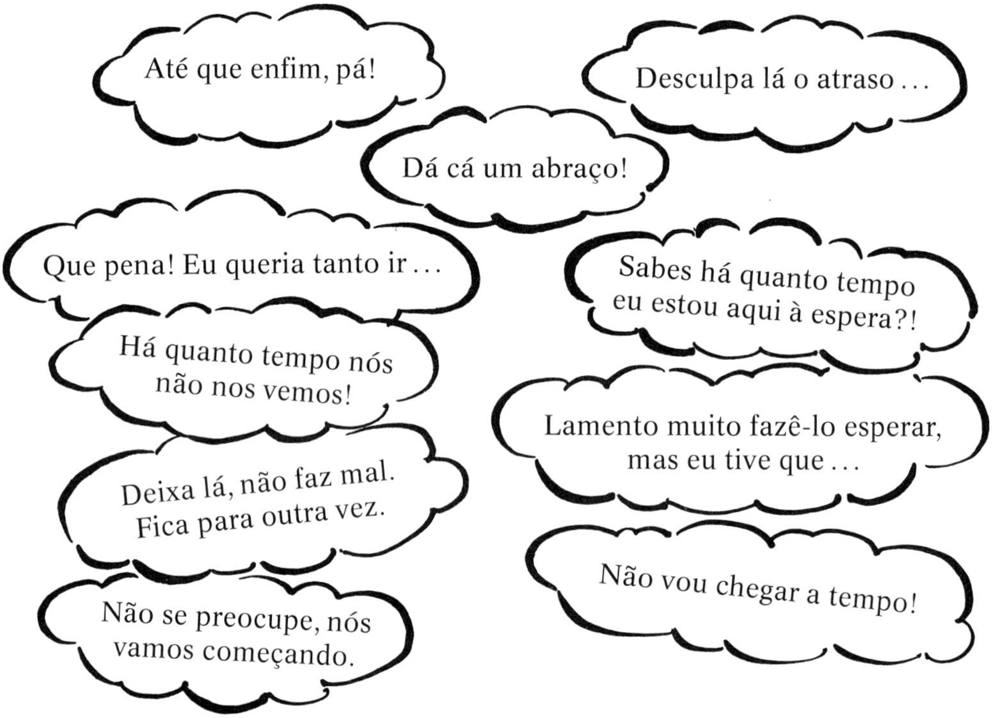


1. E agora escolha com um/a colega quais destas expressões se podem usar nas seguintes situações:

a. Você combinou com um amigo estar às 3 horas à porta dum cinema (o filme começa às 3.30 h). Ele chega 40 minutos atrasado. Você está impaciente. O que lhe diz, quando ele chega? Como é que ele reage? Coloque o número 1 em todas as expressões que se podem usar nesta situação.

b. Você encontra um amgio que não vê há muitos anos. Ficam muito contentes. Informam-se sobre a família e a vida, um do outro. Você convida-o para os seus anos. Ele não pode nesse dia e fica tristíssimo. Você consola-o. Coloque o número 2 nas expressões que se podem usar nesta situação.

c. Você tem um encontro de trabalho com o chefe e vai chegar atrasado, por isso telefona-lhe a comunicar e a lamentar o facto.

2. E agora escolha com o mesmo colega uma das situações acima apresentadas e façam um diálogo, o mais completo possível.

**Actividade 4** Lamento muito fazê-los esperar.

Esta estrutura gramatical já é conhecida desde a unidade 11 de «Vamos lá» (pag. 194, Gram. 67.2.). Lembram-se? Agora imaginem que têm que se desculpar perante uma senhora, um senhor, um casal e duas senhoras. Como dizem esta frase em cada um dos casos?

Lamento muito ______________________________

______________________________

______________________________

______________________________

______________________________

**Actividade 5**

Como continuam estas frases?

Lamento muito ____________ (você não está em casa)

Lamento muito ____________ (não pode ir ao cinema)

Lamento muito ____________ (não tem tempo para escrever)

Lamento muito ____________ (não o conhece)

**Actividade 6** Achas que aconteceu alguma coisa?

Em grupos de 3 representem esta cena da forma mais viva possível.

*Alice und Miguel*

① haben José zum Abendessen gegen 20 Uhr eingeladen. Um 21.20 ist er noch nicht da. Sie werden unruhig, und als es klingelt, sind sie erleichtert.

③ Beide spielen diese Verspätung herunter, freuen sich, daß nichts passiert ist. Sie kümmern sich um ihn und bieten ihm einen Aperitif an.

⑤ Sie finden den Vorschlag gut.

*José*

② Nach der freudigen Begrüßung entschuldigt er sich vielmals für die Verspätung und erzählt von dem Stau, in den er geraten ist.

④ Er verzichtet auf den Aperitif und schlägt vor, sie sollten anfangen zu essen, weil es so spät geworden ist.

**Actividade 7**

Schreiben Sie Ihrem Freund einen Brief mit folgendem Inhalt:

- Sie bedauern, daß Sie am Freitag nicht mit ihm Squash spielen können.
- Sie müssen einen Kunden der Firma vom Flughafen abholen.
- Sie mögen es überhaupt nicht, solche Sachen machen zu müssen.
- Sie erinnern sich daran, daß Sie in Ihrer Jugend Flughäfen sehr mochten und viele Wochenenden dort verbrachten, um die Flugzeuge starten und landen zu sehen.
- Vertrösten Sie Ihren Freund auf ein nächstes Mal.

**Sie haben gelernt,**

- **wie man sich entschuldigt und Entschuldigungen entgegennimmt.**

**REGIME DIURNO – SISTEMA REGULAR DE ENSINO**

*Tagesschule* – *Reguläres Schulsystem*

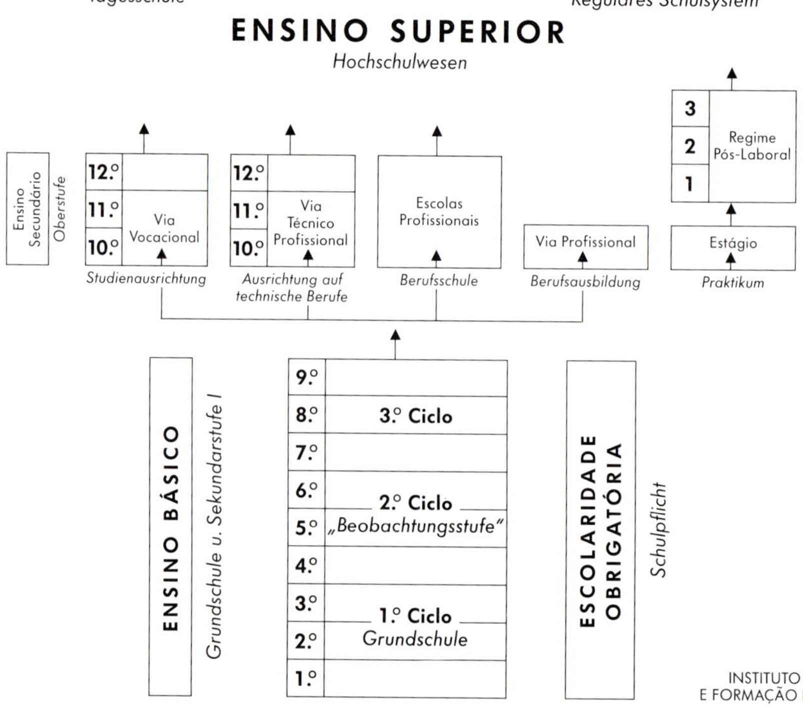


INSTITUTO DO EMPREGO
E FORMAÇÃO PROFISSIONAL

## 2 O currículo

**Maria João**

Enfermeira

Nascimento: 1964/Porto

Escola primária: 1971–74

Ciclo e secundário: 1974–82

Curso de enfermagem: 1982–85

Trabalho no Hospital de Sto. António/Porto: 1984

Casamento: 1984

Filhos: uma

**Vasco**

Mecânico

Nascimento: 1945/Covilhã

Escola primária: 1952–56

Ciclo: 1956–58

Aprendizagem numa oficina de automóveis 1961–63

Serviço militar: 1963–66 (2 anos em Angola)

Regresso de Angola 1966

Ida para Lisboa/1967
Trabalho como mecânico em Lisboa 1967–72

Emigração/Alemanha
1972 e trabalho como mecânico/ pequena empresa
Casamento: 1982
Filhos: dois

**Actividade 8** A cada um o seu currículo.

A dois e dois leiam o currículo da Maria João e do Vasco e depois contem um ao outro a vida destas 2 pessoas com a ajuda dos seguintes verbos:

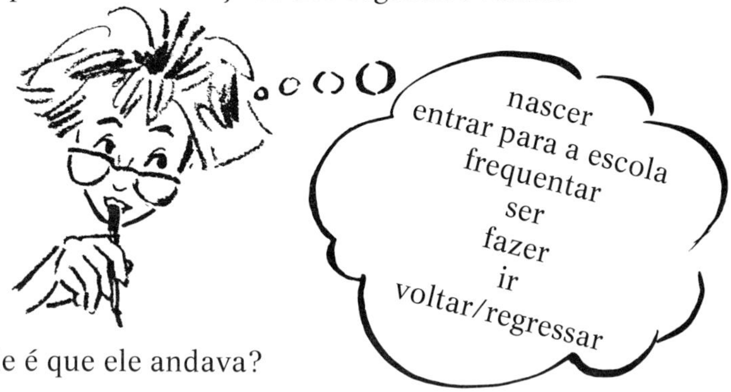


**Actividade 9** Onde é que ele andava?

Juntamente com um colega seu, procure saber:
Onde andava o Vasco e o que fazia
quando
- a Maria João nasceu?
- a Maria João entrou para a escola?
- a Maria João entrou para o ciclo?

O que é que ele fez quando a Maria João começou o curso de enfermagem?

**Actividade 10**

Identifique-se com a Maria João e o Vasco e conte a vida deles na primeira pessoa, ou, melhor ainda, conte ao seu colega a sua própria vida.

**Actividade 11**

Formem grupos de três. O que é que vocês gostariam de saber sobre a escola em Portugal? Juntem o maior número possível de perguntas e discutam-nas com o orientador.

**Sie haben gelernt,**

- **wie das Schulsystem in Portugal organisiert ist.**
- **wie man Lebensläufe von anderen wiedergibt und von sich selbst erzählt.**

## 3 Espero que goste do hotel

□ Cá estamos. Espero que goste do hotel
e que passe uma noite descansada.
■ A que horas devo apresentar-me amanhã na firma?
□ A reunião começa às dez.
Oxalá não chova, porque assim até pode ir a pé.
■ Isso talvez seja realmente o melhor.
□ Daqui até lá são uns vinte minutos.
■ O chefe de secção é pontual?
□ Pontual? É descendente de alemães,
não lhe digo mais nada.

| | |
|---|---|
| É este o hotel? | É sim. Espero que goste dele e que passe uma noite descansada. |
| Precisa de mais alguma coisa? | Não, obrigado. Desejo-lhe que chegue bem a casa. |
| Já chove há três dias! | Oxalá não chova assim, amanhã. Deus queira que faça sol. |
| O senhor quer ir a pé? | Sim. Talvez seja o melhor. |
| Quando começa a reunião? | Não creio que comece antes das 10. |

**Actividade 12**

1. Pergunte a um dos seus colegas o que é que ele pensa da «pontualidade» alemã. É assim tão grande como dizem? Que experiências tem feito no seu país e no estrangeiro?

2. Quando começa o dia-a-dia na sua cidade? Quando abrem as lojas, os centros comerciais, os bancos e os escritórios? Quando começa a escola? Comparem com os horários em Portugal. Ouçam a cassete.

**Actividade 13** Oxalá gostes da nova colega.

Formem frases juntando as expressões de desejo, esperança e dúvida com os elementos da segunda e terceira coluna.

| | | |
|---|---|---|
| Espero que vocês | encontrem | amanhã. |
| Desejo que | gostes | a vossa família. |
| Oxalá | não chova | da nova colega. |
| Talvez o Zé e a Nela | volte | bem. |
| Oxalá o Pedro | partam | depressa do Iraque. |
| Espero que tudo | reconheçam | antes das nove horas. |
| Talvez os teus pais | corra | o teu namorado pela foto. |
| Desejo que | tenhamos | bom tempo para passear. |
| Oxalá nós | sejas | muito feliz. |
| Espero que a Ana | venha | trabalhar. |

**Actividade 14**

Laura combinou ir ao cinema com o marido e não quer que ele se esqueça. Por isso, deixa-lhe em casa o seguinte bilhete:

Não te esqueças que o filme é às 6.30.
Espero que chegues a tempo.

Continuem ...

1. Você tem para amanhã um bilhete de teatro a mais. Quer levar a vizinha, mas não sabe se ela está livre. Escreva-lhe um bilhete e peça-lhe para ela telefonar e dizer se pode ir.
   Lena
   Espero que ______________________________

   ______________________________

   ______________________________

2. O seu amigo não pode esquecer que amanhã é feriado e que tem de comprar pão, leite e cerveja. Você não tem a certeza se ele tem dinheiro em casa, mas espera que sim. Deixe-lhe um bilhete:
   Não ________________________________________
   ____________________ Espero que ____________________

3. A firma «Soluxo» telefonou para o Sr. Lima, dizendo que ele tem que ir lá ver a nova colecção de sapatos. A secretária recebeu o telefonema e deixou-lhe o seguinte bilhete:
   Sr. Lima
   A «Soluxo» quer que o Sr. ____________________
   ________________________________________
   ________________________________________

4. Você pede ao seu amigo para não esperar por si para jantar porque não sabe se vem mais tarde hoje.
   Não ____________________ por mim ____________________
   Talvez ________________________________________.

5. «Saúde, dinheiro e amor» é tudo o que você deseja para o seu amigo no Ano Novo. Escreva-lhe um cartão de Boas Festas:
   Querido Tomás
   Oxalá o Novo Ano ____________________
   São os desejos sinceros do/da

**Actividade 15** Rollenspiele

A und B sind Arbeitskollegen, die sich gut verstehen. Sie treffen sich in einer Kneipe und unterhalten sich u. a. auch über die Arbeit.

**1.**

Ⓐ erzählt Ⓑ, daß er mit seiner Arbeit nicht zufrieden ist, daß außerdem das Klima im Norden seiner Gesundheit schadet. Deshalb wird er in den Süden ziehen und dort Arbeit suchen.
...

Ⓑ wünscht Ⓐ, daß er einen guten Arbeitsplatz und eine schöne Wohnung findet, daß er dort viele Freunde gewinnt und daß das Klima da unten besser ist als hier.
...

**2.**

Ⓐ trifft Ⓑ zufällig vor einem Kino.

Ⓐ erzählt, daß er auf ein Mädchen wartet, mit dem er sich zum ersten Mal treffen will. Er hat sie über eine Annonce kennengelernt. Er ist ziemlich gespannt.
...

Ⓑ will wissen, was Ⓐ hier macht.

Ⓑ (in seinem lockeren Ton) wünscht Ⓐ, daß das Mädchen wirklich kommt, daß sie hübsch ist, daß sie ein großes Auto und eine gemütliche Wohnung hat.
...

**Sie haben gelernt,**

- **wie man Hoffnungen und (gute) Wünsche äußert.**

## T1 Numa casa têm todos que trabalhar

**Fala uma estudante-trabalhadora**

A última vez que passei pelo Porto, fiquei numa pensãozinha na simpática Av. dos Aliados. Um dia, quando ia a sair do quarto, pergunta-me de repente a rapariga que fazia limpeza naquele andar.

□ O senhor não é de cá, pois não?

■ Bem, eu sou português, mas vivo na Alemanha.

Logo a seguir veio a pergunta obrigatória que tantas e tantas vezes ouvimos nesta viagem ...

**Actividade 16** Ouçamos o que a Fernanda diz.

**Actividade 17**

Quais destas afirmações acha que estão certas ou erradas? Troquem impressões com os seus colegas, e ouçam mais uma vez o diálogo.

| | Certo | Errado |
|---|---|---|
| 1. A Fernanda acha que em Portugal se ganha muito menos do que na Alemanha, mas a vida também é muito mais barata. | □ | □ |
| 2. Ela diz que o aluguer de uma casa é quase tão alto como um salário mínimo. | □ | □ |

3. Muita gente ganha o salário mínimo. ☐ ☐
4. A Fernanda é casada. ☐ ☐
5. Tem muitos irmãos. ☐ ☐
6. Eles vivem todos juntos com os pais, numa casa de 4 divisões. ☐ ☐
7. Nem todos trabalham. ☐ ☐
8. A Fernanda anda na Universidade a estudar informática. ☐ ☐
9. Ela deixou a escola à noite porque o horário era muito duro. ☐ ☐

## Actividade 18

Você quer escrever a um amigo, contando, em poucas palavras, o que a Fernanda acabou de dizer.
Ouçamos novamente o diálogo:

Olá, Miguel

Acabei de ouvir falar uma estudante-trabalhadora. Ela trabalha de dia e . . .

______________________________________________

______________________________________________

______________________________________________

______________________________________________

______________________________________________

______________________________________________

______________________________________________

## Actividade 19

Conversem em grupo sobre estas questões:
- No seu país, também há muitos alunos e estudantes que estudam e trabalham ao mesmo tempo?
- Conhece algum caso particular?
- E você, também trabalhava quando andava na escola ou na Universidade?
- O que pensa da situação de ter que estudar e trabalhar ao mesmo tempo?

**T2**

# Tesos, como sempre

**Ganha 56 contos**

Possui frigorífico, televisão a cores e um automóvel de modelo económico.

Vive nos subúrbios de Lisboa e Porto, em casa alugada de renda barata.

Não é muito religioso e não vai à missa, mas diz-se católico por ser baptizado.

Prefere continuar a ganhar menos, a arriscar-se a mudar de patrão.

Frequenta o café do bairro, onde bebe uns copos com os amigos.

**44 anos • Casado • Dois filhos •**

**Tem a 4ª classe •**

A segurança do emprego parece, aliás, ser o valor mais importante a preservar.

Mas, verdadeiramente importante é o televisor, que, além da «cultura geral», lhe dá o «Domingo Desportivo» e a telenovela brasileira.

O trabalhador médio português gosta de dizer palavrões, fala mal, mas não é ordinário.

Trabalha mais de 40 horas semanais.

**Não vê cinema nem teatro •**

«Ganhamos mal, mas rimo-nos muito»!!

O trabalhador português conhece-se até de costas. Toda a gente sabe o que ele fez. É ver os *batiments* em França, as fábricas na Alemanha, o comércio na América hispânica, o mato em África, e lá conhecem sempre o trabalhador português.

***Onde o trabalhador português é menos conhecido é em Portugal. Foi aí que ele não teve trabalho.***

Extractos do artigo de Luís Magalhães, de revista «Sábado», 5 de Maio de 1990

**Actividade 20** Pois é, somos assim ....

Em grupos de três, tentem apresentar o «trabalhador médio português», fazendo perguntas uns aos outros, sobre: como e onde mora, religião, maneira de passar o tempo livre, o que mais aprecia no trabalho, condições de trabalho e carácter.

**Actividade 21** «Ganhamos mal mas rimo-nos muito!»

O que é que vocês pensam de uma pessoa que diz esta frase?

## Unidade 2

| Thema/Situation | Lernziele | Grammatik |
|---|---|---|
| **1**<br>**Precisa-se**<br>Stellenanzeigen | Wie im Portugiesischen Stellenangebote formuliert werden<br><br>Wie man beruflichen und privaten Bedarf ausdrückt | *Presente do conjuntivo* in Relativsätzen nach:<br>Precisar de alguém que …<br>Querer alguém que …<br>Procurar alguém que … |
| **2**<br>**Quer transferir-se para Portugal?**<br>Versetzung von Angestellten innerhalb einer Firma nach Portugal<br><br>Vorstellungsgespräch | Wie man jemanden empfängt und ein Gespräch einleitet<br><br>Wie man Angaben zur eigenen Person, zum Studium und über seine beruflichen Erfahrungen macht<br><br>Wie man sich um eine Stelle bewirbt<br><br>Wie man Einschränkungen äußert | Die Stellung der Personalpronomina<br><br>*Imperativo*<br><br>Modalverben<br>*querer, poder, saber*<br><br>*Presente do conjuntivo* nach Konjunktionen:<br>embora …<br>mesmo que …<br>desde que … |
| **3**<br>**Profissões: Que variedade …!**<br>Fotocollage verschiedener Berufe | Wie man über seinen eigenen Beruf und verschiedene andere Berufe sprechen kann | |
| **4**<br>**A aventura da mãe solteira**<br>Kommentar zu einer Heiratsanzeige | Wie man Meinungen, Notwendigkeiten und Wahrscheinlichkeit ausdrückt | *Presente do conjuntivo* nach unpersönlichen Ausdrücken mit *que:*<br>Acho bem que …<br>É bom que …<br>É preciso que …<br>É necessário que …<br>É possível que …<br>Pode ser que … |

| | |
|---|---|
| **T** Na cauda da Europa | Die Löhne in Portugal im Vergleich zu anderen EU-Ländern |

## 1 PRECISA-SE • PRECISA-SE • PRECISA-SE • PREC

Leia os três primeiros anúncios e dê atenção às formas verbais que vêm depois de «precisa-se ... que».

**PRECISA-SE**
Empregado de mesa que more zona Lisboa, c/ carta de condução para trabalhar de noite e 1 disk-jockey.
T. 9863117 ou 061/25922, 061/32737

**Senhora ou menina**
Para café, que saiba cozinhar, assunto sério e bom ordenado.
Trata pelo telef. 321853, das 10 às 14 horas.

**PRECISA-SE**
**EMPREGADO/A**
Que saiba trabalhar com computadores e que tenha experiência.

| | |
|---|---|
| De que é que eles precisam? | De um rapaz que fique na loja de manhã. |
| O que quer a senhora? | Uma empregada que me faça a limpeza, todas as semanas. |
| O que procuras no jornal? | Uma rapariga que case comigo. |

**Actividade 1** De que é que eles precisam?

Leiam os quatro anúncios seguintes e completem as frases em baixo de cada anúncio, comparando-as com as do seu colega.

Precisa-se de um electricista que ...

**ELECTRICISTA**
**PRECISA-SE**
Com experiência para lugar estável em Lisboa (Sete Rios). Serviço de 40 horas semanais. Oferecemos 64 300$00/mês. Deve ter carta de ligeiros e carteira profissional.
**Resposta ao n.º 149 deste jornal**

**VENDEDORA**
Com idade de 20 a 30 anos, de preferência com carta de condução, para venda directa, artigo fácil colocação. Carta a este Jornal, ao n.º 442.

Eles querem uma vendedora que ...

**RAPAZ OU RAPARIGA**
A partir dos 16 anos
Para restaurante
Paga-se bem. Rua do Rosário, 252 – Porto

...

**TÉCNICO DE ELECTRÓNICA**
De preferência com conhecimentos de radiotelefones, Inglês, carta de condução. Enviar «curriculum» em carta a este Jornal, ao n.º 468.

...

**Actividade 2** Como podem continuar estas frases?

Procuro uma casa em que ...
Procuramos uma bicicleta que não ...
Eles procuram dactilógrafas que ...
Eles querem um apartamento que ...
Vocês também querem um quarto que ...
O que eu mais desejo é um homem que ...
Para trabalhar, eles querem pessoas que ...
Para visitar as fábricas, eles precisam de empregados que ...

**Actividade 3** Sabe do que eu preciso?

Você é uma pessoa muito ocupada, passa todo o dia fora. Diga ao seu colega de que tipo de ajuda precisa.

Preciso de um rapaz que
de vez em quando trate do jardim.

Continuem ...

**Sie haben gelernt,**

- **wie im Portugiesischen Stellenangebote formuliert werden.**
- **wie man beruflichen und privaten Bedarf ausdrückt.**

## 2 Quer transferir-se para Portugal?

□ Bom dia Sr. Doutor.
■ Bom dia Sr. Engenheiro, faz favor de se sentar.
A sua cara não me é desconhecida ...
□ Eu acho que nós já nos vimos em Berlim quando o Sr. visitou a nossa empresa.
■ Ah! É daí! Claro. Agora já me lembro.
Então o Sr. quer transferir-se para Portugal?
□ Bem, é a minha terra, mas ... embora eu seja português, confesso que conheço melhor a Alemanha, porque foi lá que eu estudei, casei e tive o meu primeiro emprego.
■ Há quanto tempo está a trabalhar?

□ Vai fazer seis anos.
■ Uhm, uhm! Olhe, mesmo que não conheça bem o mercado, eu acho que como engenheiro de máquinas, o senhor tem boas perspectivas nesta empresa.
Vou-lhe mostrar algumas secções para fazer uma ideia da organização.

| | |
|---|---|
| | entrar. |
| Faz favor de<br>Faça favor de | se sentar.<br>se servir. |
| | Esteja à vontade. |

Muito obrigado.

| | |
|---|---|
| Acho que<br>Penso que<br>Suponho que<br>Tenho a impressão que | já nos vimos. |

Creio que sim.
Não creio.
É possível.
Talvez em Berlim.

| | |
|---|---|
| O senhor fala perfeitamente alemão? | Falo sim, embora seja português. |
| O senhor quer trabalhar em Portugal? | Quero muito, mesmo que no princípio seja difícil. |
| Vai continuar na firma? | Desde que me paguem melhor … |

**Actividade 4**

Com a ajuda de dois ou três colegas, tente juntar os elementos das duas colunas, colocando os pronomes pessoais no seu lugar certo. No caso de dúvida consulte a gramática.

| | |
|---|---|
| 1. Faz favor de | dizer que horas são. (me) |
| 2. Quero que | telefonar hoje à noite? (nos) |
| 3. Manuela, podes | o Sr. mostre a fábrica. (lhe) |

| | |
|---|---|
| 4. Temos que | vês hoje? (a) |
| 5. Ainda | levantar cedo amanhã. (nos) |
| 6. Temos novo colega. Já | conheces? (o) |
| 7. Quem | leva à estação? (os) |
| 8. Os Silvas também querem | encontramos? (nos) |
| 9. Onde | encontram? (se) |
| 10. Como é que eles | transferir para Portugal (se) |

**Actividade 5** Eu acho que já nos vimos.

Representem, dois a dois, a seguinte cena:

Ⓐ will seine Wohnung vermieten.

Ⓑ hat die Annonce gelesen und möchte die Wohnung anschauen. Er klingelt.

Ⓐ grüßt ihn, läßt ihn herein und bittet ihn, sich zu setzen.

Ⓑ fragt, warum Ⓐ so eine schöne Wohnung verlassen will.

Ⓐ nennt seine Gründe und lobt die Wohnung sehr.

Ⓑ hört zu und stellt Fragen.

Ⓐ glaubt plötzlich, den anderen zu kennen, aber er kann sich nicht erinnern woher.

Ⓑ hilft ihm, sich zu erinnern und erzählt, wo er arbeitet, wo er zu Mittag ißt, welche Hobbies er hat. Schließlich erwähnt Ⓑ die letzte Einladung bei Fonsecas.

Nichts hilft.

Plötzlich erinnert sich Ⓐ auch.

**Actividade 6** Querer, poder e saber

Você lê um anúncio no jornal pedindo um guia turístico para os meses de Verão que fale, entre outras línguas, inglês e alemão. Responda ao anúncio por escrito, mostrando o seu interesse pelo trabalho e dando as seguintes informações:

Anlaß: Die Zeitungsannonce vom 15.5.
Alter: 26 Jahre
Sprachkenntnisse: Deutsch, Englisch, Portugiesisch
Gute Kenntnisse über Portugal, vor allem über die großen Städte.
Erfahrung: Arbeit in einem deutsch-portugiesischen Reisebüro in München.
Voraussichtlicher Aufenthalt in Portugal: 4 Monate (Juni – September)
Eigene Wünsche: Sie würden am liebsten nachmittags arbeiten.

Prezados Senhores

Lisboa, 16 de Maio de 1999

...

________________________________________

________________________________________

________________________________________

________________________________________

________________________________________

________________________________________

Na expectativa de uma resposta favorável, subscrevo-me,
atenciosamente,

**Actividade 7** Gripe com cerveja

O sr. Machado está de cama. O sr. Torres, um vizinho que lhe quer vender uma casa, vem visitá-lo. Como o sr. Machado não se pode levantar, ele tem que pedir tudo o que precisa ao sr. Torres.
Complete o diálogo entre os dois:

| Sr. Torres | Sr. Machado |
|---|---|
| | (Pede-lhe para entrar) |
| □ Dá licença? | ■ ____________________ |
| □ Então, o sr. está de cama?! | ■ É verdade. Apanhei uma gripe. (Pede-lhe para ficar bem longe dele, se sentar e estar à vontade)<br>Olhe, ____________________<br>____________________<br>____________________ |
| (Diz-lhe para não se preocupar, porque já teve a gripe) | |
| □ Ah! ____________________<br>____________________ | ■ Bebe uma cervejinha? |

□ Nunca digo que não a uma cerveja. Mas diga onde está, que eu vou buscar.

(Pede-lhe para ir à cozinha, abrir o frigorífico e trazer 2 pretas)

■ Olhe, faz favor ______________________

______________________________

______________________________

(Oferece-se para lhe trazer o correio e o jornal que estão na sala)

□ Quer que lhe ______________________

______________________________

______________________________ .

■ Sim, faz favor.

□ Aqui está tudo.

■ Muito obrigado.
(Pede-lhe para abrir a janela e lhe mostrar as fotos da casa.

■ Então, ______________________

______________________________

**Sie haben gelernt,**

- **wie man jemanden empfängt und ein Gespräch einleitet.**
- **wie man Angaben zur eigenen Person und über seine Berufserfahrung macht.**
- **wie man sich um eine Stelle bewirbt.**

**Actividade 8** Quantas limitações ...

Embora o custo de vida aumente, os ordenados não acompanham.

Forme frases começando com as palavras da esquerda e ligando-as com as duas outras colunas. Compare as suas frases com as do seu colega.

| | | |
|---|---|---|
| Embora | o custo de vida aumente,<br>a Olga precise de empregada,<br>o meu pai queira trabalhar, | ela não aceita qualquer uma.<br>ele não pode.<br>os ordenados não acompanham. |
| Mesmo que | nós não conheçamos o Zé,<br>chegues tarde, | não deves faltar hoje.<br>nós vamos reconhecê-lo pela foto. |
| Desde que | a Irma saiba bem inglês<br>a minha filha não vá sozinha, | eu deixo-a ir.<br>ela pode trabalhar connosco. |

**Actividade 9**

O custo de vida aumenta,
mas os ordenados não acompanham.

Esta frase também pode ser dita assim:

Embora o custo de vida aumente,
os ordenados não acompanham.

Agora comece as seguintes frases com *embora, mesmo que, desde que.*

O António chega sempre tarde, mas não faz barulho. (embora)
A Olga precisa muito de uma empregada, mas não aceita qualquer uma. (embora)
As mulheres do campo ganham em Portugal menos que os homens, mas fazem o mesmo trabalho. (embora)
Nós não o conhecemos, mas vamos encontrá-lo pela foto. (mesmo que)
Tu dormes pouco, mas nunca estás cansada. (mesmo que)
Ele sai do quarto até ao fim do mês e não tem que pagar mais nada. (desde que)
Ela quer trabalhar, mas não pode. (mesmo que)
Ela sabe falar inglês e alemão, por isso ganha o emprego. (desde que)
Eles têm passaporte? Então podem viajar comigo. (desde que)
Eles estão há muitos anos na Alemanha, mas ainda não falam a língua. (embora)
Ela não vai sozinha, pois não? Então eu deixo-a ir. (desde que)

**Actividade 10**

Formem grupos de três. O primeiro diz uma frase completa começada por embora:

Embora eu ganhe pouco, gosto muito dos colegas.

O segundo continua:

Embora eu goste muito dos colegas, nunca vou à casa deles.

Continuem …

Vocês podem continuar esta frase, ou começar o jogo novamente com uma frase vossa.

**Sie haben gelernt,**

- **wie man Einschränkungen äußert.**

## 3 Profissões: Que variedade … !

Pedreiros
Trabalhadores da construção civil

Polícia

Onde é a Rua Formosa?

Cesteiro

□ Como quer que lhe corte o cabelo?
■ Sem falar no Benfica.

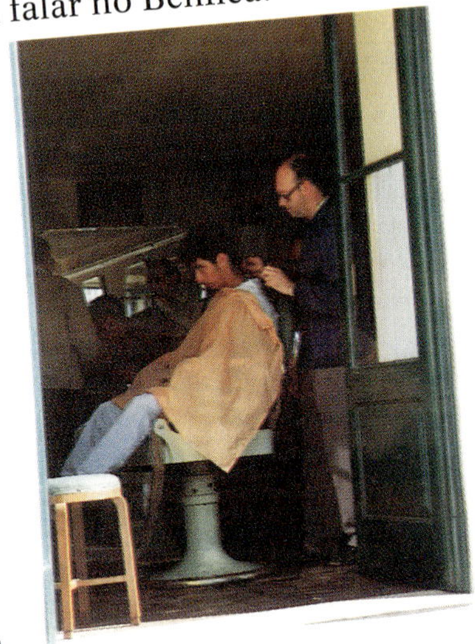

Barbeiro

Em Portugal: Mais mulheres do que homens trabalham na agricultura

Ceifeiras

Cauteleiro: Dê-me 3 cautelas!

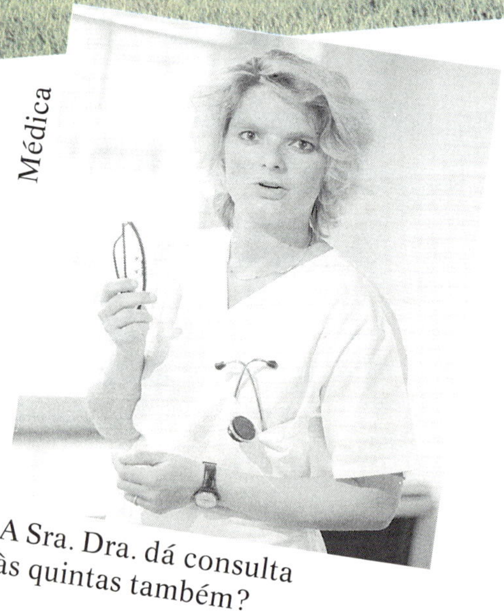

Médica

A Sra. Dra. dá consulta às quintas também?

**Actividade 11** Elas estão a ceifar.

Olhemos com atenção para as fotos da pág. 29/30. Nelas estão representadas várias profissões. Com ajuda das fotos e das respectivas frases, vamos tentar dizer como se chamam os vários profissionais e o que estão a fazer.

> Estas mulheres são ceifeiras e estão a ceifar.

Continuem …

**Actividade 12** Ah! isso já não existe …

- Em grupos, procurem descobrir de quais destas profissões cada um precisa na vida.
- Todas elas ainda existem na Alemanha? Já existiram? Porque desapareceram?

**Actividade 13** Há quanto tempo trabalha nesta profissão?

Imagine que tinha de entrevistar as pessoas das fotos de 1 a 7. Que perguntas gostava de lhes fazer? O entrevistado deve ser um dos seus colegas. Depois procure outro colega e faça agora o papel de entrevistado.

**Actividade 14** À noite há todo aquele programa extra-cultural.

Vamos ouvir o que a Guida diz sobre a sua profissão. Quais destas afirmações estão certas ou erradas?

| | Certo | Errado |
|---|---|---|
| A Guida é professora numa escola de línguas. | ☐ | ☐ |
| Ela ensina português só a estrangeiros. | ☐ | ☐ |
| É mais fácil ensinar português aos asiáticos do que aos europeus. | ☐ | ☐ |
| Entre os asiáticos, há muitos macaenses a aprender português. | ☐ | ☐ |
| Os cursos de línguas são todos de um ano. | ☐ | ☐ |
| A Guida também vem a Hamburgo dar cursos de língua a estudantes alemães. | ☐ | ☐ |
| Os estrangeiros que aprendem em Portugal nas férias, chegam ao fim do curso muito cansados. | ☐ | ☐ |

**Actividade 15** E você?

Como foi o seu dia de trabalho ontem?
Está contente com o que faz? Conseguiu fazer na vida o que queria? Quais são os prós e os contras da sua profissão? Troquem as vossas experiências no grupo sobre este tema. Talvez o orientador queira começar por falar de si ...

**Sie haben gelernt,**

- **wie man über verschiedene Berufe spricht und über seinen eigenen berichtet.**

**Actividade 16** O meu currículo

Imagine que tinha de concorrer a um lugar de trabalho em Portugal. Como apresentava o seu currículo? Baseie-se nos seguintes dados:

- Data de nascimento
- Local de nascimento
- Situação familiar
- Nacionalidade
- Formação
- Experiência profissional

## 4 A AVENTURA DA MÃE SOLTEIRA

A melhor coisa que *O Independente* publicou nestas últimas semanas foi um anúncio classificado que dizia assim: «PROCURO RAPAZ NOVO com emprego, carro, Faro, Olhão, arredores. Queira casar rápido. Sou mãe solteira. Foto recente.» É a primeira lufada de ar fresco dos anos 90. (...)

Vale a pena ler o anúncio palavra por palavra.

«PROCURO». Adoro este verbo. É parecido com precisar: Procuro/Preciso. É positivo. Quem procura precisa. Nisto é pouco português. O verbo português é mais esperar ou, ainda mais típico, estar à espera. A nossa passividade reflecte-se na complexidade verbal. No amor, é raro procurar. (...)

É bom que as mulheres comecem a procurar maridos e que os homens, até certo ponto, procurem arranjar mulheres. Digo «até certo ponto» porque os homens têm menos jeito. Não sabem. Não pensam. Não querem. (...)

«Procuro rapaz novo.» Acho muito bem que se fale em rapazes e não em cavalheiros. Os cavalheiros são pomposos. Já perderam o cavalo. Um rapaz é uma coisa fresca, uma matéria-prima que uma rapariga pode transformar em homem. Em marido, até. (...)

Repare-se que a nossa anunciante não quer um rapaz novo *qualquer*. Tem de ter *emprego e carro*. É assim mesmo! (...)

Chegamos agora ao problema da região: «Faro, Olhão, arredores». (...)

Pode ser que os rapazes novos de Faro e Olhão dêem os melhores maridos de Portugal, mas custa a crer. Porque não um minhoto ou um beirão? Em matéria de casamento, o critério regional não é o mais indicado. Os rapazes novos do Algarve, ainda por cima, têm o hábito de correr atrás das turistas estrangeiras até às mais avançadas idades. Pense no trauma que seria para o seu filho dizer-lhe que «o pai foi com umas Dinamarquesas ao Kiss». (...)

Não sei de que estão à espera os rapazes de Faro, Olhão e arredores. Se julgam que é fácil encontrar, em território nacional, uma rapariga honesta, despachada e direita-ao-assunto como a nossa anunciante, estão muito enganados.

Extractos de «As Minhas Aventuras na República Portuguesa»,
de Miguel Esteves Cardoso (Lisboa, Assírio e Alvim, 1990; pp. 55–58).

| | |
|---|---|
| É bom que | as mulheres comecem a procurar maridos. |
| É preciso que<br>É necessário que | os homens procurem arranjar mulheres.<br>as mulheres sejam mais directas. |
| Acho bem que | se fale em rapazes e não em cavalheiros. |
| É possível que<br>Pode ser que | ela tenha sorte.<br>os algarvios dêem bons maridos. |

**Actividade 17** Para assunto sério

Depois de ler todo o texto, junte-se com mais dois/duas colegas, e façam um anúncio para a mãe solteira, mas desta vez um anúncio bem português. Vamos agora ouvir o que fez cada grupo.

**Actividade 18** Acho bem que ela use a palavra «procuro».

1. Procurem agora no texto todas as coisas que o jornalista «acha bem» e aquilo que ele «não acha bem» neste anúncio.
2. Que tipo de homem a anunciante procura? Continuem a frase:

   Ela procura um rapaz que ________________________________________

   ________________________________________________________

   ________________________________________________________

3. E você? Qual é o seu ideal?

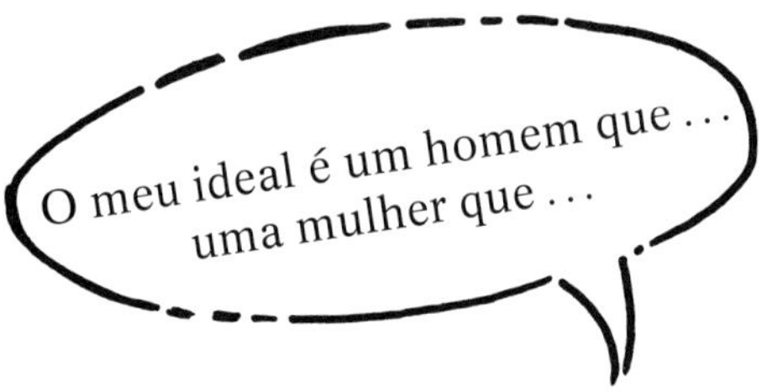

**Sie haben gelernt,**

- **wie man Meinungen, Notwendigkeiten und Wahrscheinlichkeit ausdrückt.**

T

NÓS E A CEE

# Na cauda da Europa

*Dezasseis anos depois do 25 de Abril, os trabalhadores portugueses continuam a ser os mais mal pagos da Europa*

Nestes 16 anos de revolução, recessão, integração e expansão, melhorou efectivamente o nível de vida da camada mais desfavorecida da população.

A classe baixa vive agora melhor. Mas também vivia tão mal que a mudança pouco tem de heróico.

Quanto à classe alta, depois de um relativamente curto período de incerteza, continua bem. (...)

Mas a classe média, se mal estava, mal continua. Ou pior.

Em 1989, a população activa portuguesa rondava os 4.4 milhões de pessoas, dos quais quase metade no sector de serviços (terciário).

Dos restantes, milhão e meio trabalhava na indústria (secundário) e 830 mil continuavam na agricultura (primário).

Nos últimos cinco anos, acentuou-se a transferência de trabalhadores para o sector terciário. Mas se este sector representa, em Portugal, 44 por cento do emprego total, a média na CEE aproxima-se dos 60 por cento. (...)

Governo e patronato costumam alegar que os elevados salários praticados na CEE correspondem a maiores níveis de produtividade, mas os dados oficiais comunitários mostram que no ano passado, os ordenados dos portugueses foram os que menos acompanharam o crescimento da produtividade.

Como se não bastasse, 65 por cento da população activa portuguesa trabalha mais de 40 horas semanais. (...) SABADO 5 DE MAIO DE 1990

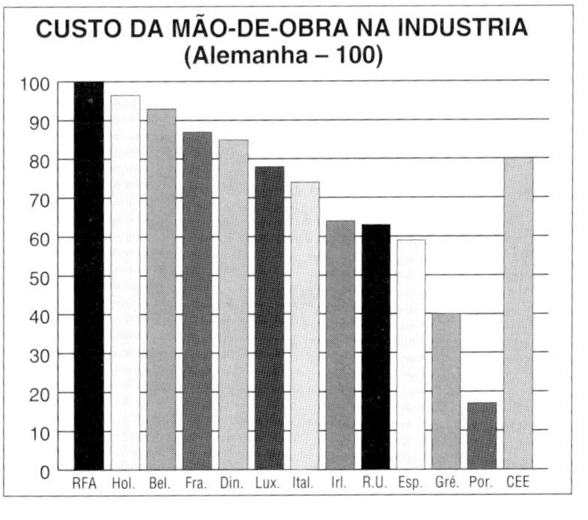

**Actividade 19**

Depois de uma ou duas leituras em silêncio, formem grupos de 3 e procurem no texto as palavras ou frases que indiquem que as coisas mudaram nos últimos 16 anos ou estão a mudar.

**Actividade 20**

Conversem em grupo sobre os seguintes pontos:

- Quais são as classes sociais em Portugal?
- Quais melhoraram ou pioraram nos últimos 16 anos?
- Compare a percentagem de pessoas que trabalha no sector de serviços em Portugal e na CEE.

**Actividade 21**

Olhando o gráfico apresentado abaixo do texto, a que conclusões chega sobre o custo da mão-de-obra na Europa em 1990? Onde é que ela é mais cara e onde é mais barata? Acha que ainda hoje é assim?

**Actividade 22**

Conte e pergunte aos seus colegas o que é que mudou na vida de cada um, nos últimos anos, e o que é que continua na mesma. (nome, emprego, morada, ideias, gostos, etc.)

Continuem ...

## Unidade 3

| Thema/Situation | Lernziele | Grammatik |
|---|---|---|
| **1**<br>**Uma casa portuguesa**<br>Spiegelbild eines Lebensstils | Wie man zum Ausdruck bringt, was das „Zuhause" für einen bedeutet | |
| **2**<br>**Ela me dará o quarto?**<br>Zimmersuche | Wie man sich nach einem Zimmer erkundigt<br><br>Wie man Ratschläge gibt und Hilfe anbietet<br><br>Wie man nach etwas fragt, das man braucht<br><br>Wie man Ungewißheit über etwas Zukünftiges ausdrückt | Die unbestimmten Pronomina:<br>alguém, algum, ninguém, nenhum, tudo, nada<br><br>*Presente do conjuntivo* in Relativsätzen nach unbestimmten Pronomina<br><br>*Futuro* |
| **3**<br>**Qual seria o aluguer?**<br>Zimmervermietung | Wie man ein Zimmer beschreibt<br><br>Wie man über Mietbedingungen spricht und sich über eine Miete einigt<br><br>Wie man mit Hilfe des *condicional* etwas vorsichtig oder höflich ausdrückt | *Mais-que-perfeito composto*<br><br>*Condicional*<br><br>Wiederholung des *imperfeito* |
| **4**<br>**Bairros, casas e aluguéis**<br>Lage einer Wohnung und Wohnungsmarkt | Wie man über einen Stadtteil sprechen kann<br><br>Wie man Wohnformen beschreiben kann<br><br>Wie man sich über die Wohnungsmarktsituation unterhält | Wiederholung des *presente do conjuntivo* nach:<br>embora, mesmo que, ainda que |

| | |
|---|---|
| **T** Casa, aluga-se | Die Schwierigkeit, eine Wohnung in Lissabon zu finden |

# 1 Uma casa portuguesa

Numa casa portuguesa
fica bem
pão e vinho sobre a mesa
quando à porta humildemente
bate alguém
senta-se à mesa com a gente
fica bem essa franqueza
fica bem
que o povo nunca desmente
a alegria da pobreza
está nesta grande riqueza
de dar e ficar contente.
Quatro paredes caiadas
um cheirinho a alecrim
um cacho de uvas doiradas
duas rosas num jardim
um S. José de azulejo
sob um sol de Primavera
uma promessa de beijos
dois braços à minha espera
é uma casa portuguesa, com certeza!
É com certeza, uma casa portuguesa!

No conforto pobrezinho
do meu lar
há fartura de carinho
a cortina da janela
é o luar
mais o sol que gosta dela
basta pouco, poucochinho para alegrar
uma existência singela
é só amor pão e vinho
e um caldo verde, verdinho
a fumegar na tijela.

(R. Ferreira-V. M. Sequeira-A. Fonseca)

**Actividade 1**

Em grupos de três, procurem no texto as palavras que se referem a sentimentos, a maneiras de ser e situação social. Numa coluna ao lado escrevam as palavras que se referem a coisas que estejam dentro e fora da casa. Comparemos agora os resultados dos vários grupos.

O que é que essas palavras dizem sobre o gosto popular português? Como é uma casa típica portuguesa por fora?

Como são as pessoas que nela vivem? Quais os hábitos e sentimentos que mais cultivam?
Troquem as vossas impressões de leitura.

**Actividade 2**

Leiam as cinco últimas frases desta canção. Segundo o autor, de que é que uma pessoa simples em Portugal precisa para ser feliz?

Que estilo de vida esta canção reflecte?
Achan que ela pertence ao passado ou é actual? Ainda podemos viver assim hoje?
Comparem este estilo de vida com o que vocês conhecem noutros países.

**Actividade 3**

O que é a casa para si?
Contem uns aos outros o que pensam sobre isto.

**Sie haben gelernt,**

- **wie man sich über die Bedeutung eines „Zuhause" austauscht.**

## 2 Ela me dará o quarto?

□ Conheces alguém que tenha um quarto para alugar?
■ Por acaso conheço.
□ Então, dá cá o endereço que eu vou já lá.
■ Não faças isso, pá.
□ Porque não? O que é que tu sugeres, então?
■ Deixa-me primeiro recomendar-te.
O quarto fica vago no fim do mês.
Eu podia falar com a senhoria, dizer que és pessoa de confiança, amigo de família, etc.
□ Mas isso é bestial, pá. Só que tens que fazer isso já! Não te esqueças, não?
■ Não me esquecerei, está descansado.
□ Achas que ela me dará o quarto?
■ Hum! Vamos ver …

| | |
|---|---|
| Conheces alguém que tenha um quarto para alugar? | Por acaso conheço. |
| Não te esqueças de telefonar, hem? | Não me esquecerei, está descansado. |
| Achas que a senhoria me dará o quarto? | Como posso saber? |
| Como será essa senhora?! | Já vais ver. |

**Actividade 4** Sabes de algum apartamento que esteja para alugar?

Junte a coluna da esquerda com a da direita, formando frases. Compare o seu resultado com o do seu colega.

| | |
|---|---|
| 1. Hoje conheci as moças que | o Guedes conhece. |
| 2. Já chegou o engenheiro que | entraram agora. |
| 3. Telefona para a agência que | tu me recomendaste. |
| 4. Só subiram os aluguéis dos que | me deixa fumar. |
| 5. Gostei da senhoria que | alugaram o meu apartamento. |
| 6. Conheces alguém que | seja pontual a pagar. |
| 7. Conheces alguma moça que | alugue um quarto na Baixa? |
| 8. Ela só quer alguém que | vá para Berlim de carro? |
| 9. Sabes de algum apartamento que | esteja para alugar? |
| 10. Como achar uma senhoria que | me deixe fumar no quarto? |

Que diferença notam entre as frases de 1 – 5 e as frases de 6 – 10?

**Actividade 5** Não tenho nada a ver com isso.

Como podem juntar os elementos das três colunas e formar frases?

| | | |
|---|---|---|
| (Não) Conhece | nenhuma | chamado Luís Pinto aqui? |
| (Não) Há | alguém | ideia de como se põe um anúncio. |
| (Não) Tenho | algum | anúncio interessante hoje? |
| | nenhum | que tenha uma casa para vender? |
| | ninguém | vizinho que esteja sempre em casa. |
| | nada | a ver com isso. |

**Actividade 6** Sabes de um quarto que fique vago para o mês que vem?

Leiam, dois a dois, as seguintes respostas e imaginem, para cada uma delas, uma pergunta.

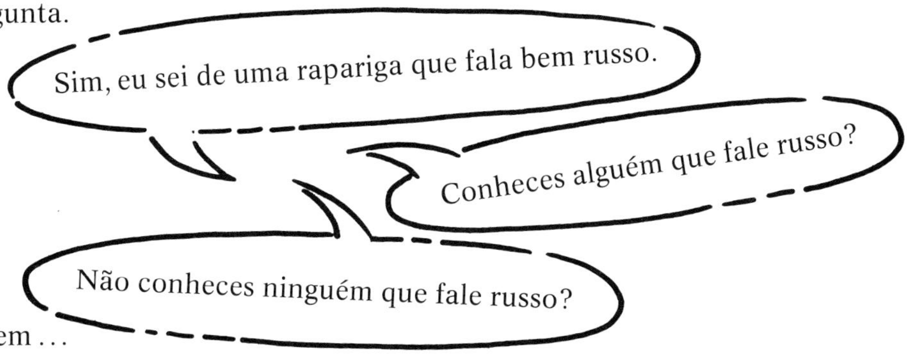


Continuem …

1. Sim, o quarto ao lado do meu fica vago em Janeiro.
2. Sim, lá perto de casa, há uma loja que vende roupa usada.
3. Eu sei de um rapaz que vai a Portugal, de carro, nas férias.
4. A minha tia dá a televisão velha dela, mas ainda funciona muito bem.
5. O Peter. Ele é bilingue em inglês e alemão.
6. A Cecília. Ela é tradutora e sabe trabalhar com computador.
7. Sim, eu tenho um amigo no Rio que durante o Carnaval não está na cidade.
8. Sim. O meu tio quer vender o «Fiat» dele. Tem cinco anos de uso.
9. Sim, eu sei de uma mercearia onde há azeite português.

**Actividade 7** Como será o futuro?

Um casal português vem pela primeira vez trabalhar para a Alemanha. Podem imaginar que perguntas fazem um ao outro, sobre o futuro que os espera, no que se refere a:

**Casa?** Será difícil encontrar apartamento para 4 pessoas? …
**Filhos? …**
**Escola?** Haverá uma escola que ensine português também?
**Trabalho? …**

**Sie haben gelernt,**

- **wie man nach etwas fragt, das man braucht.**
- **wie man Ungewißheit über etwas Zukünftiges ausdrückt.**

**Actividade 8**

Você conhece, na sua cidade, uma senhora portuguesa que aluga quartos. Sabe que no fim do mês, um deles vai ficar vago. Escreva-lhe, perguntando-lhe se ela poderia alugar o quarto a um amigo seu, e recomende-o.

Cara Sra. D. Lucinda,

______________________________

______________________________

______________________________

______________________________

______________________________

## 3 Qual seria o aluguer?

□ Boa tarde, minha senhora. Soube que tem um quarto para alugar. Ainda está livre?
■ O senhor é que é amigo do Miguel?
□ Sou, sim.
■ Ah! Faz favor de entrar. Quase aluguei o quarto hoje de manhã, mas como o Miguel me tinha falado no senhor, eu resolvi esperar...
□ Muito obrigado.
■ Olhe, o quarto é este. Como vê, é espaçoso e está bem mobilado.
□ E é tranquilo?
■ Muito. É um quarto que dá para as traseiras.
Venha cá ver a varanda.
□ Ah! Ela dá para a serra. Que linda vista!
■ Com esta varanda e as janelas o quarto nunca fica escuro.
□ Posso usar a cozinha?
■ Pode, pode. Mas o senhor vai ter que partilhar a casa de banho e a cozinha com mais dois inquilinos.
□ Não tem importância.
■ Sabe, eu já não posso tratar da roupa como dantes, mas ainda vem uma empregada fazer a limpeza uma vez por semana.
□ Óptimo. Então, qual seria o aluguer por mês?
■ São trinta contos, incluindo água fria e quente, claro está.
□ De acordo. Eu fico com o quarto.
■ Quando é que gostaria de entrar?
□ Eu podia entrar já.

| | |
|---|---|
| Qual seria o aluguer por mês? | Trinta contos. |
| Quando é que o senhor poderia dar uma resposta? | Eu fico com o quarto.<br>Vou pensar e telefono-lhe amanhã. |
| Quando é que gostaria de entrar? | Eu podia entrar já.<br>Eu gostava de entrar na próxima semana. |

**Actividade 9**

Ouçam a cassette e, em grupos de três, troquem impressões sobre o que entenderam. Depois ouçam outra vez e procurem saber o que é que eles dizem exactamente.

A senhoria não diz: «... como o Miguel me falou no senhor ...»

Ela diz: « ______________________________ .»

O inquilino não pergunta: «Quanto custa o quarto por mês?»

Ele pergunta: « ______________________________ ?»

A senhoria não diz: «Já sabe quando entra?»

Ela diz: « ______________________________ ?»

**Actividade 10**

Leiam primeiro as perguntas e depois ouçam mais uma vez a cassette.

- Que frases indicam entusiasmo?
- Que frases indicam decisão?
- O que é que a senhoria oferece por trinta contos?

**Actividade 11** Dá para as traseiras.

**1.** A dois e dois procurem descrever o quarto acima apresentado.
Escolham entre as seguintes palavras aquelas que necessitam:

espaçoso/pequeno/ grande

tranquilo/barulhento/ sossegado

claro/escuro

moderno/velho

dá para as traseiras/dá para a frente

largo/estreito

bonito/feio

rústico/elegante lindo

confortável/desconfortável

bem mobilado/mal mobilado

nem grande/nem pequeno

**Sie haben gelernt,**

- **wie man über Mietbedingungen spricht und sich über eine Miete einigt.**
- **wie man ein Zimmer beschreibt.**

**2.** Imaginem que vocês dois estão em Coimbra à procura de quarto. Têm um encontro marcado para ver dois quartos na mesma casa. Batem à porta, mas a senhoria leva muito tempo a vir. Enquanto ela não vem, vocês interrogam-se sobre esse momento incerto que vos espera. Que perguntas é que vocês fazem?

**sobre a senhoria**
ser simpática?
querer o aluguer adiantado?
estar em casa?

**sobre as condições**
o aluguer ser caro?
poder ter visitas?
poder usar a cozinha?

**sobre os quartos**
ter aquecimento no Inverno?
ter uma varanda?
dar para as traseiras?
ser sossegados?

Continuem …

**Actividade 12** Eu não sabia que já tinhas falado com ele.

Dois a dois, juntem as frases da esquerda com as da direita.

| | |
|---|---|
| 1. Quando eu telefonei para a loja, | já tinhas falado com ele. |
| 2. Eu não sabia que tu | ela já tinha fechado. |
| 3. Eu não escrevi a carta para o senhorio | nós já tínhamos alugado a casa. |
| 4. Foi mesmo pouca sorte. Quando eles conseguiram falar connosco, | porque a minha mulher tinha escrito um dia antes. |
| 5. Desculpe, eu não sabia que o senhor | já tinha pago o aluguer. |

**Actividade 13** Já tinham feito isto, ou não?

Como podem preencher estas lacunas?

1. Eu fui hoje pagar o aluguer, mas soube que tu já ____________.
2. Eu não fui com eles ver o apartamento porque já __________ __________ quando o Mateus morava lá.

3. Ela diz que o senhorio não escreveu carta nenhuma. Mas o senhorio diz que já __________ __________ há um mês.
4. Eu quis fazer alguma coisa para ajudar, mas quando lá cheguei eles já __________ __________ tudo.
5. Ela não quis dizer mais nada porque já __________ __________ tudo na carta.
6. Eu pensei que eles vieram hoje pela primeira vez visitar-me, mas eles já __________ __________ uma vez no sábado.
7. Quando eles vieram ver-me, eu __________ __________ para fazer compras.
8. Não os convidei para jantar porque eles já __________ __________ .

**Actividade 14** Qual seria o aluguer?

Encontre, para cada frase à esquerda, uma frase à direita com o mesmo sentido.
Você pode dizer a mesma coisa de uma forma

| *mais directa, assim:* | *ou mais indirecta, assim:* |
|---|---|
| 1. Quanto é o aluguer? | Eu não faria isso. |
| 2. Quer entrar já? | Eu não diria isso. |
| 3. Não faça isso. | Nós podíamos pagar já. |
| 4. Não diga isso. | Qual seria o aluguer? |
| 5. O que é que eu devo fazer? | Eu gostaria de entrar no dia quinze. |
| 6. Acha que eu devo comprar a casa? | O que faria no meu caso? |
| 7. Eu quero entrar no dia quinze. | O senhor compraria a casa? |
| 8. Nós pagamos já. | Quando gostaria de entrar? |

**Sie haben gelernt,**

- **wie man mit Hilfe des *condicional* etwas vorsichtig oder höflich ausdrückt.**

**Actividade 15** Dantes e agora.

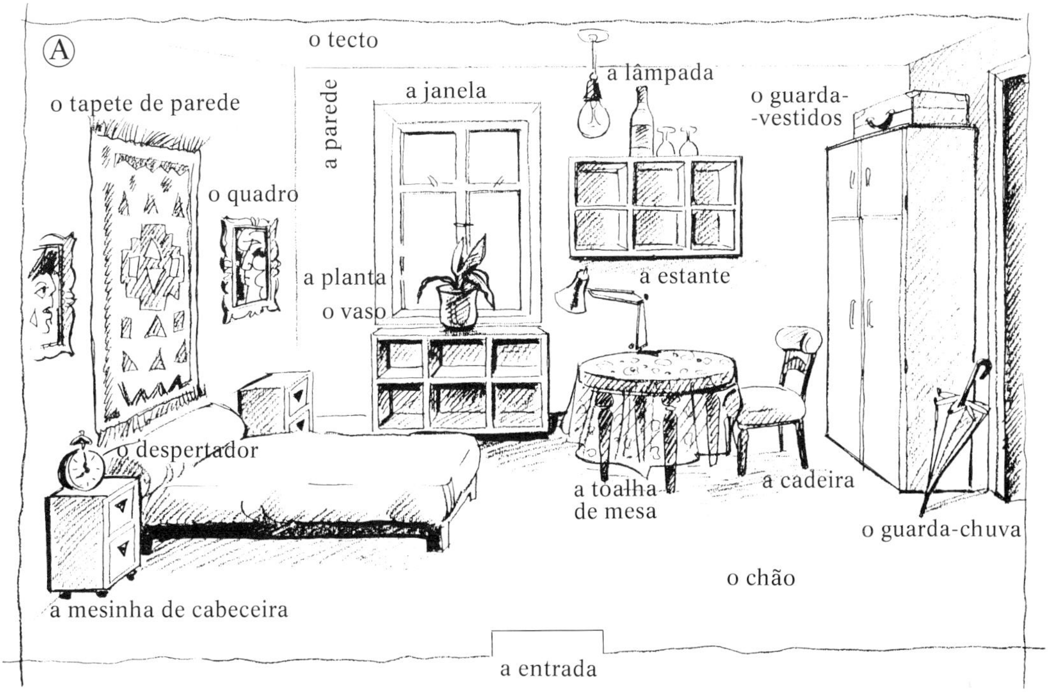

Em grupos de três, observem as gravuras A e B. Entre uma e outra houve uma mudança de inquilino e de posição dos móveis. O que é que mudou? Contem uns aos outros.

> Dantes as mesinhas de cabeceira estavam ao lado da cama, agora estão uma em cima da outra.

Continuem ...

As mudanças que ele fez, dizem alguma coisa sobre o novo inquilino?

E você, como é que poria os móveis?

**Actividade 16** E o seu quarto, como é?

Tente descrever para os seus colegas como é o seu quarto.

## 4 Bairros, casas e aluguéis

**Actividade 17** Onde mora a Acácia?

Primeiro, ouçamos o que esta brasileira nos conta. Depois, com a ajuda das seguintes palavras, tentem lembrar-se do que a Acácia diz e descrevam um ao outro onde é que ela mora e do que é que ela gosta mais no seu bairro.

Rio de Janeiro

último andar

feira aos sábados

«Lamas» às sextas

apartamento

prédio de 12 andares

Pão de Açúcar

Bairro do Flamengo

Baía de Guanabara

**Actividade 18** E você? Onde mora?

Conte a uma colega onde mora, qual é o tipo de habitação e do que é que gosta mais (ou menos) no seu bairro. Está bem servido de transportes e de comércio?

Eu moro num prédio de 3 andares, no rés-do-chão …

Eu moro num 1º andar, numa residência comunitária …

O que eu gosto mais no meu bairro é de um centro comercial onde …

O que eu gosto mais é de um parque que há lá perto de casa …

Perto de casa eu tenho um talho e uma mercearia onde já me conhecem, por isso me servem muito bem …

Eu não tenho nada à mão …

Continuem …

**Actividade 19** Onde mora a Manuela?

Depois de ouvida a cassete, troquem as vossas impressões no grupo e respondam às seguintes perguntas:

Como é a casa da Manuela?
O que é que ela tem nas traseiras da casa?

**Actividade 20** Onde mora o Rui?

Ouçam a cassete e respondam às seguintes perguntas:

Como é a casa do Rui?
A sua renda de casa é alta?
O que podem dizer sobre ela?
O que é que o Rui diz sobre o mercado de arrendamento?

**Actividade 21** Hoje é dia de mudança.

Os seguintes móveis acabaram de chegar. Você tem que orientar a mudança, enquanto que dois dos seus colegas têm que arrumar os móveis. Para isso, escrevem o nome deles na planta da casa (em baixo) e no lugar em que você mandou.

Onde pomos a poltrona?
No canto esquerdo da sala, quem entra.

Para onde vai o bengaleiro?
Para o hall.

Onde queres que ponha o fogão?
Na cozinha, na parede da esquerda, quem entra.

Continuem ...

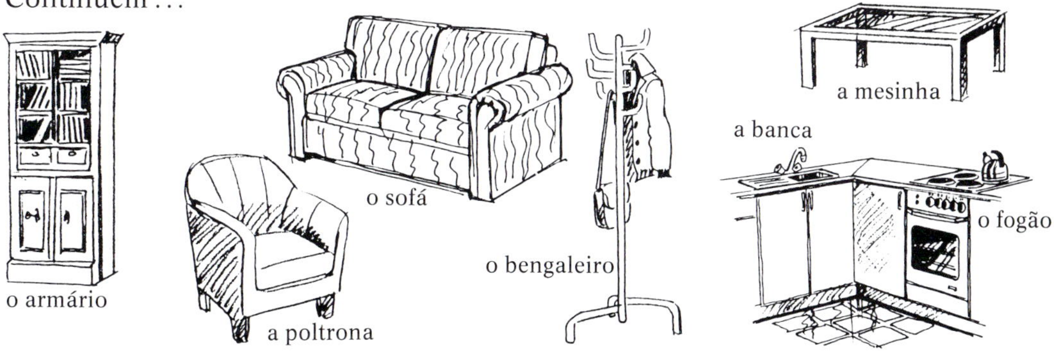

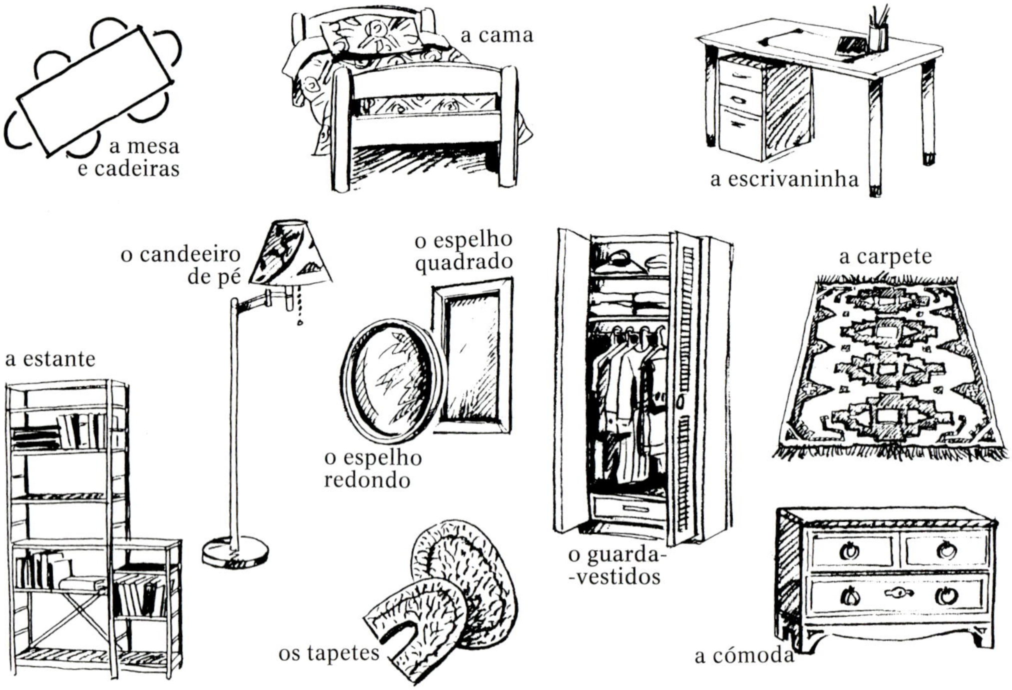


**T3**

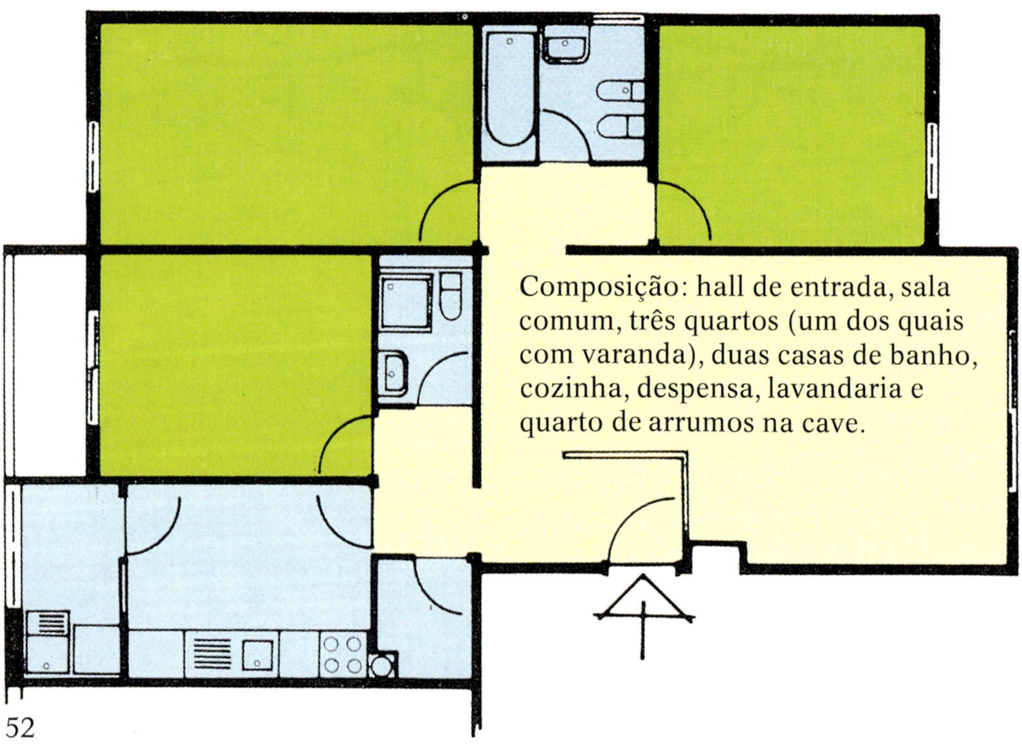

Composição: hall de entrada, sala comum, três quartos (um dos quais com varanda), duas casas de banho, cozinha, despensa, lavandaria e quarto de arrumos na cave.

**Actividade 22** Vende-se, precisa-se, aluga-se.

Escreva um anúncio sobre uma destas fotos. A sua colega deverá adivinhar de que foto se trata. Inspire-se nos seguintes fragmentos de anúncios:

**ALUGA-SE**
A casal
estrangeiro.

**PRECISA-SE**
**T 3 · T 4**

**ALUGA-SE**
Pequeno APARTAMENTO em edifício do séc. XVIII, recentemente renovado e com bonita vista.

**VENDE-SE**
Apartamentos
2, 3 e 4 assoalhadas em ...

## Actividade 23 — Onde gostava mais de morar?

Depois de ler a actividade, trabalhe com um/a colega. Juntem as expressões à esquerda com as duas outras colunas, colocando os verbos à direita no tempo certo.

| | | | |
|---|---|---|---|
| Eu gostava mais de morar … | último andar de 1 prédio, com uma bela vista, | ainda que | não gostar de elevadores. |
| Para mim o ideal seria … | fora da cidade, | | ter que renunciar a cinemas e teatros. |
| Eu acho que o melhor seria … | edifício antigo renovado, | embora | ter medo de canalização antiga. |
| Eu adoraria morar … | casa caiada de branco, | | ter que pintar sempre a casa. |
| O mais importante para mim é … | um rés-do-chão com quintal nas traseiras, | mesmo que | um quintal dar muito trabalho. |

## Actividade 24 — Lembra-se onde morava?

Conte aos seus colegas onde e como morava há dez ou vinte anos.

**Sie haben gelernt,**

- **wie man über einen Stadtteil spricht.**
- **wie man Wohnformen beschreibt.**
- **wie man sich über die Wohnungsmarktsituation unterhält.**

**Actividade 25** Como se procura casa?

Quais são as formas mais comuns de se procurar casa ou apartamento e quais são os seus prós e contras? Falem sobre isso em grupo. Comparemos os resultados dos diversos grupos.

T

# Casa, aluga-se

ARRENDAR uma casa em Lisboa é mais fácil que acertar no totoloto: basta ser-se irmão do senhorio (primo já será problemático) ou proprietário de uma agência de alugueres. (...)

Não se verificando nada disto, ainda se pode recorrer aos amigos. (...)

Esta fase de procura inclui passar palavra nas mercearias e lugares de hortaliça e, acima de tudo, (...) não perder uma oportunidade de comunicar ao próximo que precisa de arrendar uma casa.

Deve-se partir do princípio que todo o mundo e ninguém sabe de fogos vagos para aluguer, desde o colega de trabalho ao anónimo companheiro de bica, no café da esquina. Há quem arranje casa só porque pisou um calo no Metro («Queira desculpar, mas ando à procura de casa em Lisboa, para poder ir para o trabalho a pé», foi a frase inicial).

Esta campanha «Não sabe de uma casa?» não se esgota, mas, (...) há quem, às tantas, desespere e comece a comprar de manhãzinha um jornal, todos os dias. (...) Ignorando os problemas do país e do mundo, (...) salta-se para as páginas de anúncios. Casas. Aluga-se.

(...) Não é preciso fazer um estudo exaustivo para concluir que a maioria das casas para arrendar estão entregues a agências especializadas no negócio. Verificará que o mesmo telefone responde para dezenas de habitações. (...)

Embora existam agências de aluguer respeitáveis e honestas (sabe-se de casos em que, paga a prestação de serviços, o cliente da agência arranjou mesmo uma casa em condições aceitáveis e em tempo útil), o processo pode conduzir a um logro. A «casa no Campo de Santana, 6 ass., 2 lugs. garagem, vista panor., trata o próprio, 17 contos» acaba de ser alugada a uma embaixada, dirão ao cliente, depois de paga a taxa. Mas há outra lá perto, a qual ou está a cair e não tem WC, ou custa por mês 217 contos, só mais 200... Não servindo, o dinheiro da prestação de serviços não é devolvido, claro, e a agência obriga-se a encontrar «sine die» outra habitação para quem a contratou. O ingénuo terá, neste caso, de rever os seus conhecimentos de latim, constatando que «sine die» significa «nunca mais».

O melhor sistema é não acreditar que haja casas para alugar em Lisboa, «pero que las hay, hay».

Extractos do artigo do jornal «Expresso», de 13 de Julho de 1991

**Actividade 26** É fácil encontrar casa em Lisboa?

Leiam em silêncio a metade esquerda do texto. O que quer dizer a frase: «Arrendar uma casa em Lisboa é mais fácil que acertar no totoloto»? Consulte os seus colegas de grupo e com eles tente sublinhar as palavras ou frases que mostrem as várias possibilidades de conseguir uma casa em Lisboa.

**Actividade 27** Embora existam agências de aluguer respeitáveis ...

Leiam agora a segunda metade do texto e troquem impressões sobre quais destas afirmações estão certas ou erradas.

| | certo | errado |
|---|---|---|
| A maior parte de casas para arrendar são anunciadas pelos próprios donos. (trata o próprio) | ☐ | ☐ |
| As agências de aluguer não são sérias. | ☐ | ☐ |
| As agências que não são sérias põem anúncios falsos. | ☐ | ☐ |

**Actividade 28** Eu fiz boas experiências.

Conversem no grupo sobre as experiências que já fizeram com agências de alugueres, ou outras (agências de viagens ...).

**Actividade 29** Eu acho que as agências são necessárias.

Na vossa opinião as agências são necessárias? Discutam sobre isto no grupo e justifiquem a vossa opinião.

**Actividade 30** Prezados senhores ...

Você vai mudar-se para Lisboa, por um tempo. Escreva a uma agência de alugueres, pedindo para lhe arranjar casa ou apartamento. Dados necessários: nacionalidade, data da mudança, motivo, duração provável da estadia em Portugal, tipo de casa ou apartamento desejado, renda máxima que pode pagar. Agradeça oferta rápida.

| Thema/Situation | Lernziele | Grammatik |
|---|---|---|
| **1**<br>**Meu caro casamento ...**<br>Die Hochzeit | Wie man über die Beständigkeit und den Wert von Bräuchen spricht | |
| **2**<br>**Quem será aquela moça?**<br>Fotografieren und Gespräch über Verwandtschaftsbeziehungen auf einer Hochzeit | Wie man sich einen Gegenstand ausleiht und seine Funktion erklären läßt<br><br>Wie man Verwandtschaften zuordnet und über Verwandtschaftsbeziehungen spricht<br><br>Wie man eine Person aufgrund ihres Aussehens und ihrer Kleidung beschreibt<br><br>Wie man ein Kaufgespräch in einem Kleidungsgeschäft führt<br><br>Wie man feste Absichten für die Zukunft äußert | *Infinitivo pessoal:*<br><br>– nach unpersönlichen Ausdrücken: basta, é preciso, é importante, é melhor, é pena ...<br><br>– nach Präpositionen: para, sem, até, por<br><br>– nach präpositionalen Ausdrücken: antes de, depois de, apesar de<br><br>Wiederholung von *imperfeito do indicativo* und *presente do conjuntivo* nach: oxalá, talvez<br><br>*Futuro* mit *haver de + inf.* als Ausdruck von fester Absicht und von Ratlosigkeit in Fragesätzen |
| **3**<br>**Baile da paróquia**<br>Tanz auf einer Kirmes | Wie man fremde gesellschaftliche Regeln erkennt und versteht<br><br>Wie man seine Meinung darüber äußert und Vergleiche mit seinem eigenen Land anstellt | |

| | |
|---|---|
| **T** Os novos pais são os avós | Die Rolle der Großeltern in der modernen Gesellschaft |

# MEU CARO CASAMENTO...

**1** 📖

Branca e radiosa costuma ir a noiva. O noivo vai vermelho, afogueado de felicidade ou apreensão, vá lá saber--se! E o padrinho fica roxo, quando descobre o preço de um casamento. Em Queluz ou nos Jerónimos, o ritual cumpre-se, nem que seja para agradar à mãe da noiva. Um ritual que mete vestido de cauda, «lingerie» a condizer, raminhos e pétalas de rosa, órgão e mestre de cerimónias. Casar a preceito sai caro, mesmo que o divórcio espreite em cada esquina da vida. E há sempre os reincidentes. O certo é que o matrimónio volta a ser consumido pelos casais portugueses.

## 2 Quem será aquela moça?

□ Empresta-me cá a máquina para eu tirar umas fotografias aos noivos. Como é que isto funciona?

■ É automática, não tem que saber. Basta olhares por aqui, carregares aqui e pronto. Com esta máquina até tu és capaz de tirar fotografias ...

□ Olha, as minhas fotos ainda hão-de ficar melhores que as tuas, ouviste?

■ Isso é que nós havemos de ver. Mas depois de entrarmos na igreja, passa-ma para cá outra vez. Lá dentro é comigo.

□ Há aqui muita gente que eu não conheço. Quem será aquela moça de vestido branco?

■ É irmã do noivo.

□ E aquele senhor de calça bege e casaco azul-marinho?

■ É o pai da noiva. E antes que me perguntes quem é aquela criançada toda, já te digo que são todos sobrinhos, dele e dela.

□ Onde estarão os sogros da noiva?

■ Estão lá atrás daquele grupo, vês?

□ Não, não vejo nada.

■ És cega?

□ O que é que eu hei-de fazer? Sou pequena ...

| | |
|---|---|
| Empresta-me cá a tua máquina!<br>Pode-me emprestar três ovos? | Toma lá, mas cuidado com ela.<br>Com certeza. Com muito gosto. |
| Com esta máquina, até tu és<br>capaz de tirar fotografias! | As minhas fotos hão-de ficar<br>melhores que as tuas. Apostas? |
| Quem será aquela moça de branco?<br>Onde estarão os sogros da noiva? | É a irmã do noivo.<br>Lá atrás, não vês? És cega? |
| O que hei-de fazer, sou pequena ... | |

**Actividade 1** Basta olhares por aqui.

**1.** Ouçamos a primeira parte do diálogo. Em grupos de três, respondam às seguintes perguntas:

Como é a máquina fotográfica?
Que acontecimento é que eles estão a fotografar?
Onde é que o homem não deixa a mulher tirar fotografias?

Ouçam agora exactamente o que eles dizem:

Ela não diz: «Dá-me cá a máquina ...»

Ela diz: «______________________»

Ele não diz: «Olha por aqui, carrega aqui e pronto»

Ele diz: «______________________»

Ele não diz: «... até tu podes tirar fotografias ...»

Ele diz: «______________________»

Ela não diz: «As minhas fotos ainda vão ser melhores que as tuas»

Ela diz: «______________________»

Ele não diz: «Isso é que nós vamos ver»

Ele diz: «______________________»

**2.** Continuando a trabalhar em grupo, ouçamos agora a segunda parte do diálogo:

Fala-se aqui dos parentes dele e dela.
Quais são as palavras que indicam parentesco?
Que palavras indicam peças de roupa?

**Actividade 2** Como é que estou vestido?

Peça ao seu colega para descrever como é que você está vestido/a dos pés à cabeça. Inspire-se nestas palavras:

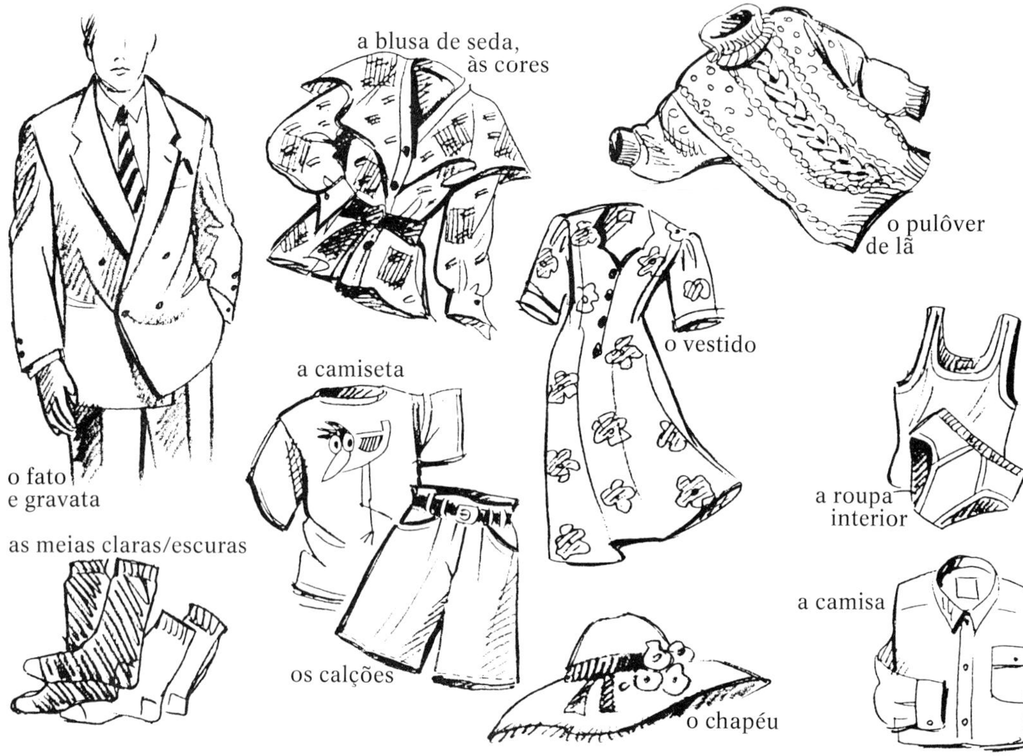


**Actividade 3** Quem é quem?

**1.** A Lucinda e o Nando acabaram de casar. Na foto de casamento vê-se o Nando com a mulher, o cunhado, uma das cunhadas, o sogro, o irmão, uma das irmãs e oito sobrinhos (cinco dele e três dela).

Diga à sua colega onde é que eles estão na foto e como estão vestidos. Trabalhem alternadamente.

O cunhado do Nando é este rapaz à esquerda. Parece estar de fato cinzento. A cunhada está ao lado dele, de saia branca e blusa azul à marinheiro.

Uma sobrinha está de vestido comprido. A outra está de ...

Os sobrinhos dela estão de ...

Continuem ...

**2.** Na foto da pág. 58 estão os sogros da Lucinda, uma irmã, uma prima e cinco cunhadas.

Descubram-nos e descrevam como estão todas estas pessoas vestidas.

A irmã é esta que está no centro, de saia e casaco de xadrez.

Continuem …

**Sie haben gelernt,**

- **wie man Verwandtschaft zuordnet.**
- **wie man eine Person anhand ihrer Kleidung beschreibt.**

***Actividade 4*** Sou filho único.

Fale no seu grupo sobre a sua família. Quantos irmãos/filhos tem?

Não tenho irmãos. Sou filha única.

Minha mãe tem 87 anos.

O meu filho mais novo nasceu há cinco anos.

Tenho …

Eu sou o mais velho dos meus irmãos.

A minha irmã é oito anos mais velha que eu.

Continuem …

**Actividade 5** De quem estão a falar?

Ele é alto, magro, de cabelos castanhos claros, usa óculos escuros e está de calça azul e camisa branca.

Ele é de média estatura, tem bigode e cabelos grisalhos e está de …

Ela é loira, nem alta nem baixa e está de jeans e blusa branca.

Ela é morena, forte, de olhos castanhos, de cabelos castanhos compridos e está de jeans e blusa azul.

Continuem …

**Actividade 6** Adivinhe de quem estou a falar...

Olhe à sua volta e descreva um dos seus colegas (tipo e vestuário). A sua colega ao lado deverá adivinhar de quem se trata.

Ela é loira, baixa, gordinha...

**Sie haben gelernt,**

- **wie man eine Person aufgrund ihres Aussehens und ihrer Kleidung beschreibt.**

**Actividade 7** Quando é que os noivos partem para a lua de mel?

**1.** Junte as frases da esquerda com as da direita e compare o resultado com o do seu colega.

| | |
|---|---|
| Eu nunca encontro o Nando em casa. | É pena ela nunca ter tempo. Podíamos ver-nos mais vezes. |
| Há muito que não vejo a tua prima. | Basta lhe telefonares depois das 10 h, que o encontras. |
| Para que é que eles nos deram a máquina? | Não, não. É melhor eu guiar porque conheço o caminho. |
| Quando temos que estar na igreja? | Depois de terem festejado connosco. |
| Dá-me as chaves do carro que eu guio. | É conveniente chegarmos antes das 11. |
| Quando é que os noivos partem para a lua de mel? | Vêm sim, mas antes de eles virem, temos que preparar-lhes o quarto. |
| Os teus primos vêm ao casamento? | Para tirarmos umas fotos. |

Já conhecemos as formas verbais à direita?
Depois de que expressões é que elas aparecem?

**2.** Agora coloque um «que» depois das expressões impessoais à direita.

| | |
|---|---|
| É pena que ele nunca tenha tempo. | É conveniente que... |
| Basta que lhe... | ... mas antes que eles... |
| É melhor que eu... | Para que... |
| Depois que... | |

**Actividade 8** Quem pergunta, quer saber.

**No registo civil**

Faz favor, o que é preciso para casar?

É preciso ______________ estes formulários e ______________ estes documentos.

preencher
trazer

Quanto tempo leva a ficar tudo pronto?

É melhor ______________ com um mês.

contar

É preciso fazer mais alguma coisa?

Não, não. Basta ______________ tudo o que lhe disse.

trazer

**No escritório**

Sr. Gomes, o que fazemos agora?

É melhor ______________ os clientes ao hotel e levá-los à fábrica.

ir buscar

E depois, mostramos-lhes a fábrica?

Antes de vocês ______________, eu já lá estou. Fazemos isso juntos.

chegar

O importante é vocês não ______________ de reservar uma mesa no restaurante.

esquecer-se

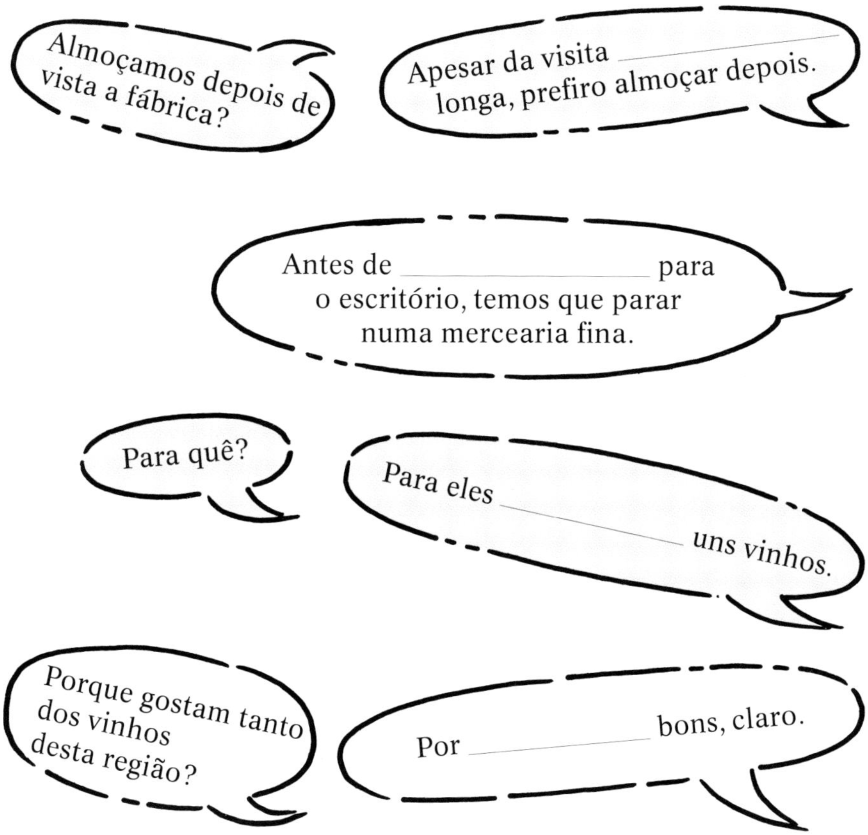


ser

voltar

comprar

ser

**Actividade 9** A gabardina é forrada de lã.

Formem frases com as palavras das três colunas seguintes:

| | | |
|---|---|---|
| o vestido<br>a saia<br>a calça<br>o casaco<br>a gabardina<br>o sobretudo<br>a blusa<br>o blusão | é<br>está | de veludo<br>curta<br>largo<br>apertada<br>comprida<br>justa<br>de seda<br>forrada de lã<br>de couro |

**Actividade 10** Fica-lhe muito bem!

Você precisa de roupa nova e resolve aproveitar os saldos. Entra numa loja, vai ter com o empregado, (um colega) e pede-lhe para ver o tipo de roupa que precisa: calças, casacos, saias ou blusas, etc. Com base nas seguintes expressões, tentem fazer um diálogo bem realista. O vendedor quer vender, custe o que custar, o cliente não está muito satisfeito e sai sem comprar...

Onde posso provar?
Eu gostava de ver...
Olhe, temos aqui...
As cabines...
O que acha?
Qual é o seu tamanho?
Oh! Fica-lhe muito bem!
Não acha que está muito...
Para ser franco, acho muito elegante!
Não sei...
Na minha idade...

largo/a
apertado/a
Mas é a moda... agora só se usa assim...
comprido/a, curto/a, justo/a
Muito bem, minha senhora.
Sempre às ordens e até à próxima.
Temos costureira...
Desculpe, mas eu vou pensar ainda.
Condiz com a cor...

**Sie haben gelernt,**

- **wie man ein Kaufgespräch in einem Bekleidungsgeschäft führt.**

As duas actividades seguintes poderiam ser feitas em casa.

**Actividade 11** Sem dizermos nada?

Completem este diálogo com os verbos: *avisar, dizer, haver de, chegar, partir, tomar banho, ser, morar, voltar.*

□ Queres vir comigo passar uns dias na montanha, na casa dos meus tios? Parto amanhã.
■ Com muito gosto, mas é melhor ____________ -los, não?
Eu não gostaria de aparecer lá sem ____________ nada.
Eu ____________ lhes telefonar, está descansada.
Quando tenho que estar aqui?
□ Basta ____________ às duas horas, mas muito mais tarde não, porque antes de

nós ______ quero ainda comprar alguma coisa para levar. Não te esqueças de trazer o fato de banho.

■ Para quê? Lá não há praia …

□ Para ______ no rio, ao fim da tarde.

■ Achas que eu posso fumar na casa dos teus tios?

□ Olha, apesar de eles ______ pessoas de uma certa idade, são muito liberais. É pena eles ______ tão longe, senão eu visitava-os mais vezes.

■ Eu quero partilhar as despesas da viagem contigo. Fazemos contas depois de ______ .

**Actividade 12** O mais urgente é telefonar ao médico.

D. Aurora foi para fora três dias e deixou a irmã tomando conta da casa. Num bilhete, ela diz-lhe o que é mais urgente fazer em casa, o que é aconselhável e o que basta fazer.

Tente escrever esse bilhete baseando-se nas seguintes palavras:

**Actividade 13** O que é que aconteceu?

A Sandra deixou o filho de cinco anos na casa dos pais, por umas horas. Quando voltou, viu o filho à porta da tabacaria a 500 m da casa dos avós.

O que é que a família estava a fazer quando o Joãozinho foi para a rua? Ouçamos a cassete.

**Actividade 14** Eu hei-de ir ao Brasil.

Junte as frases da esquerda com as da direita e compare-as com as da sua colega.

| | |
|---|---|
| 1. Custe o que custar, este ano eu | ainda hão-de chegar. |
| 2. Está descansada, os teus pais | há-de ver que temos razão. |
| 3. O nosso filho não nos ouve, mas ele ainda | Dentro de 3 meses temos que sair do apartamento. |
| 4. O que havemos de fazer? | hei-de ir ao Brasil. |
| 5. O que hei-de fazer? | havemos de casar. |
| 6. Prometo-te que no próximo ano, | Não tenho onde deixar o meu filho. |

**Actividade 15** Isto não há-de acontecer outra vez.

Hoje de tarde, dois de vocês ficaram em casa a tomar conta da Chica (5 anos de idade). De repente notam que a Chica desapareceu.

**1.** Quais são os primeiros desejos, esperanças e dúvidas que vocês têm?

| | | |
|---|---|---|
| Oxalá | (estar na casa de um vizinho) | (não se perder) |
| Deus queira que | (não atravessar a rua) | (estar perto) |
| Talvez | (não ficar de baixo de um carro) | |

**2.** O que é que vocês decidem para o futuro?

Na próxima vez havemos de … / hei-de …

**Actividade 16**

No princípio do ano vocês tomam quatro decisões:

- visitar uma prima na Inglaterra.
- deixar de fumar.
- começar a trabalhar menos na firma.
- acabar de pintar a casa.

Qual é a melhor maneira de exprimir estas decisões?

**Sie haben gelernt,**

- **wie man feste Absichten für die Zukunft äußert.**

## 3 Baile da paróquia

**Fui ao baile da paróquia**
**por alturas de S. Pedro**
**levei a minha lambreta**
**e o meu velho blusão negro.**

**Pus calças americanas**
**coçadas e muito justas**
**calcei botas alentejanas**
**e cosi um dragão nas costas.**

**Punham só Gianni Morandi**
**Nelson Ned e Marissol**
**Eu fui ter com o disco-joca**
**e encomendei rock and roll**

**Fui ao baile da paróquia**
**lá para os lados de Valbom (bis)**

**Fui buscar a paroquiana**
**mais bela da diocese**
**era tão pura e singela**
**que até dava catequese**
**...**

**Actividade 17** Levei o meu velho blusão negro.

No «Baile da Paróquia», Nando, o baterista de uma banda de música dos anos setenta, chamada «Mingos e os Samurais», conta-nos um pequeno episódio da sua vida.

**1.** Leiam as primeiras quatro quadras. Depois, leiam novamente as duas primeiras e troquem impressões no vosso grupo sobre estes aspectos:

- Aonde é que ele foi?
- Como é que ele foi? (meio de transporte)
- Como é que ele foi vestido?

Ele vestiu …

e calçou …

Ele pôs …

Ele foi de …

**2.** Leiam agora as outras duas quadras e façam entre si as seguintes perguntas:

- Que música estavam a ouvir quando o Nando chegou ao baile?
- Vocês acham que ele gostou dessa música? Porque dizem isso?
- Como era a moça que ele foi buscar para dançar, e o que fazia ela na paróquia?

**3.** Agora, cada um no grupo conta uma parte do que acabou de ler.

O Nando foi a um baile da paróquia, vestiu …

Continuem …

**Actividade 18** Como é que esta história continua?

Em grupos, tentem imaginar o que aconteceu depois, e como terminou a história.

**Actividade 19**

Depois de ouvirmos as várias histórias que os grupos inventaram, vamos agora ler o final da canção.

…

**Ensinei-lhe a dançar shake**
**pus a pista em alvoroço**
**Quando fomos dançar slow**
**A bela não me deu roço**

**Puxei-lhe o braço com força**
**fiz uma cena de macho**
**Estavam lá os irmãos dela**
**levei um arraial de facho**

**Fui ao baile da paróquia**
**lá para os lados de Valbom**

**Vim de lá feito num oito**
**com a poupa esfrangalhada**
**e nem me valeu de nada**
**dizer que era baterista**
**Já ninguém mais tem respeito**
**pelos excessos dum artista**

**Fui ao baile da paróquia**
**lá para os lados de Valbom (bis)**

**Canção de Rui Veloso**
**Disco «Mingos e os Samurais»**

As seguintes frases contam a mesma história, mas com outras palavras. Ponham-nas em ordem e comparem-nas com o texto original.

Mas quando começaram a dançar slow, ela não dançou tão junto a ele como ele queria.

Ele ensinou a moça a dançar shake e trouxe muita animação à pista de dança.

Ele ficou num triste estado.
Ainda disse que era baterista, mas não lhe valeu de nada ...

Então, ele puxou-a com força.
Os irmãos dela que estavam lá, deram-lhe uma carga de pancadaria.

**Actividade 20** É preciso ter cuidado com os irmãos.

Comparem este final da canção com aquilo que vocês tinham imaginado na actividade 18. É muito diferente?

Descobriram, através deste episódio, algum aspecto da sociedade portuguesa que ainda não conheciam?

No seu país também é assim que os rapazes têm que tomar conta das irmãs e das primas quando saem?

Acham que, em Portugal, isto acontece mais nas vilas e aldeias ou também nas grandes cidades?

Troquem as vossas impressões.

**Actividade 21**

Os bailes de paróquia são importantes para os jóvens se encontrarem e conhecerem melhor. Há no seu país algo de semelhante? Aonde é que as pessoas vão para fazer novos conhecimentos? O que faz a igreja ou outras instituições neste sentido?

**Sie haben gelernt,**

- **wie man fremde gesellschaftliche Regeln erkennt und versteht.**
- **wie man seine Meinung darüber äußert und Vergleiche mit seinem eigenen Land anstellt.**

**Actividade 22** Compreensão de leitura.

Leiam os cinco primeiros parágrafos do texto «Os novos pais são os avós» até «... a ligação ao passado.»

**1.** Em trabalho de grupo, procurem outro título que ficaria bem sobre estes cinco parágrafos.

**2.** Procurem agora, a partir do segundo parágrafo, quais são as palavras-chaves ou frases que melhor caracterizam os três grupos de pessoas aqui mencionadas:

Os avós: novo lugar ..., segurança ..., educadores ...

Continuem ...

Os pais: geração do meio ..., só fala em ...

Continuem ...

Os netos: um pouco ...

**3.** Com a ajuda destas palavras ou frases que acabaram de escrever, tentem fazer um retrato de cada um dos três grupos.

T

# Os novos pais são os avós

*Os pais jovens recorrem cada vez mais aos seus próprios pais para que estes se ocupem dos seus filhos.*

«Avó, conta-me uma história... aquela da princesa». E a avó faz-lhe a vontade. Pousa o *tricot*, ajeita a mecha do cabelo já todo branco, que faz questão de não pintar, e a criança, sentada no chão, com as mãos no colo dela, ouve: «Era uma vez». (...)

Os avós ocupam agora um novo lugar nas famílias. (...)

Um lugar delicado e importante. Mas quem lhes dá esse lugar de destaque? Os pais. A geração «do meio». Aquela que só fala em trabalho, vida profissional à custa da família. (...)

Às vezes, um pouco perdidas, as crianças procuram refúgio nos avós e a ligação que se cria é muito forte.

Eles representam a segurança e a identidade. (...)

Os avós são *baby sitters*, vão levá-los e buscá-los à natação, à ginástica, levam-nos de férias e acabam por ser, em muitos casos, os responsáveis directos pela sua educação. Têm tempo para tudo. Além disso, são um elemento estabilizador. Nos braços dos avós, as crianças encontram as suas raízes: «Avó, como é que se chamava a tua mãe? Era a minha bisavó?» Eles são a memória viva de grandes acontecimentos: «Avô, lembras-te da guerra? Como era? Fugiste? É verdade que havia senhas de racionamento?» São a nossa memória colectiva, a ligação ao passado.

Mas nem sempre os avós são vistos como educadores pelos próprios pais, que a eles recorrem: os pais sentem-se ameaçados na sua autoridade pela crescente ligação daqueles com os netos.

«Os avós são uma desgraça, deixam fazer tudo! Quando eles vêm de casa dos avós vêm sempre com ideias novas. Com muitas ideias de independência. E também já sabem que se eu não lhes der o tal brinquedo, os avós dão!», diz uma mãe em desespero.

Para Ana Nunes de Almeida «os avós não têm aquelas relações de autoridade que tiveram com os filhos, são mais liberais, mais descontraídos. Não estão com a ideia de que é preciso educar. Fazem daquele tempo um tempo de lazer. Trata-se de um neto e não de um filho. E isso é bom para as crianças».

«Os meus avós estão ligados às minhas recordações de infância», diz a Luísa. Tem com os avós uma ligação muito forte. «Estou muito mais apegada a eles do que aos meus pais. Os avós são diferentes e, apesar de já serem bastante idosos, conseguiram acompanhar a época, as mudanças de ideias. Acho isso fenomenal. Todos os anos eu, os meus irmãos, os pais, os tios e os meus primos passamos férias com eles. É uma casa enorme. Apesar de ser sempre muita gente, os avós conseguem manter a ordem. Os horários são cumpridos e há verdadeiras refeições. O pequeno almoço em família, uma mesa enorme, o almoço ao meio-dia e o jantar às oito e meia. Tudo aquilo tem um ar solene de que eu gosto, porque no dia a dia é «cada um por si» e não há tempo para prestar atenção aos outros. São hábitos e rituais que nós já não temos na casa dos nossos pais. E o melhor de tudo é que os pais obedecem aos avós! É a nossa doce vingança», diz ela.

E os avós são assim. Entram de mansinho nos nossos quartos sem fazer barulho para nos aconchegar os sonhos. Na casa deles as coisas têm outro nome e existem sótãos, arcas, baús, com roupa para mascarar as nossas fantasias.

Extractos de um artigo da revista «Sábado», 17.2.90.

Os pais não têm tempo para os levar a passear

**Actividade 23** Os avós são mais liberais.

Vamos ler a segunda parte do texto até «... E isso é bom para as crianças.»

| | certo | errado |
|---|---|---|
| Quais destas afirmações estão certas ou erradas? | ☐ | ☐ |
| Os pais estão sempre de acordo com os avós, sobre problemas de educação. | ☐ | ☐ |
| Alguns pais têm medo das relações entre avós e netos. | ☐ | ☐ |
| Os avós dão mais liberdade aos netos do que deram aos filhos. | ☐ | ☐ |

**Actividade 24** São hábitos e rituais que nós já não temos.

Vamos ler o resto do texto.

Conversem em grupo sobre as declarações da Luísa.

- O que é que ela tem na casa dos avós, que não tem na casa dos pais?
- Ela aprecia esses hábitos dos avós?

**Actividade 25**

No seu país, qual é o lugar dos avós e dos velhos na sociedade?

**Actividade 26**

Converse no grupo sobre este tema:

- Conheceu os seus avós?
- Que recordações tem deles?
- Tiveram para si a mesma função que acabamos de ler no texto?
- Ainda os tem? Onde vivem?

| Thema/Situation | Lernziele | Grammatik |
|---|---|---|
| **1**<br>**O que tens feito?**<br>Gespräch über den Minho und seine Volksfeste im Sommer | Wie man darüber berichtet, was man in der letzten Zeit gemacht hat<br><br>Wie man eine Meinung erfragt und wie man auf die Frage reagiert<br><br>Wie man um Ratschläge bittet und Ratschläge erteilt<br><br>Wie man eine Bedingung in der Zukunft ausdrückt | *Pretérito perfeito composto*<br><br>Wiederholung verschiedener Zeiten im *indicativo* und des *presente do conjuntivo*<br><br>*Futuro do conjuntivo* nach *quando* und *se*<br><br>Wiederholung des *imperativo* |
| **2**<br>**Artesãos de hoje e de sempre**<br>Der Kunsthandwerker – Tradition und Zukunft | Wie man über Berufe und ihre Bedingungen berichtet und wie man die eigene Einstellung zu seinem Beruf zum Ausdruck bringt | |
| **3**<br>**O artesanato tem futuro?**<br>Ein Interview in einem Kulturhaus im Minho über die Zukunft des Kunstgewerbes | | |

| | | |
|---|---|---|
| **T** | Feiras, festas e romarias | Märkte, Volksfeste und Wallfahrten: Einblick in ihre Geschichte |

# UNIDADE 5

## 1 O que tens feito?

□ Então, tens-te divertido muito nestas férias?
■ Tenho é descansado bastante, mas agora vou começar a visitar gente e a viajar um pouco pelo Minho.
□ Viajar pelo Minho no mês de Agosto, boa sorte.
■ Porque é que dizes isso?
□ Oh filha, porque o mês de Agosto é um desassossego aqui no Norte! Muita romaria, muito barulho e as estradas cheias de gente.
■ E o que é que tens contra as romarias?
□ Em princípio, não tenho nada contra, mas tens que concordar que já foram melhores. Ouvir um altifalante aos berros, todos os fins de semana, de manhã até à noite, não tem graça nenhuma. E o movimento nas estradas é infernal. Agosto é o mês com mais acidentes.
Queres um conselho de amigo?
Para o ano, quando vieres cá, se vieres, é claro, tenta vir lá para meados de Setembro.
Apanhas as feiras novas de Ponte do Lima.
Desse arraial eu gosto. É muito giro.
São três dias de feira e de festa.
Vem gente até de Espanha.

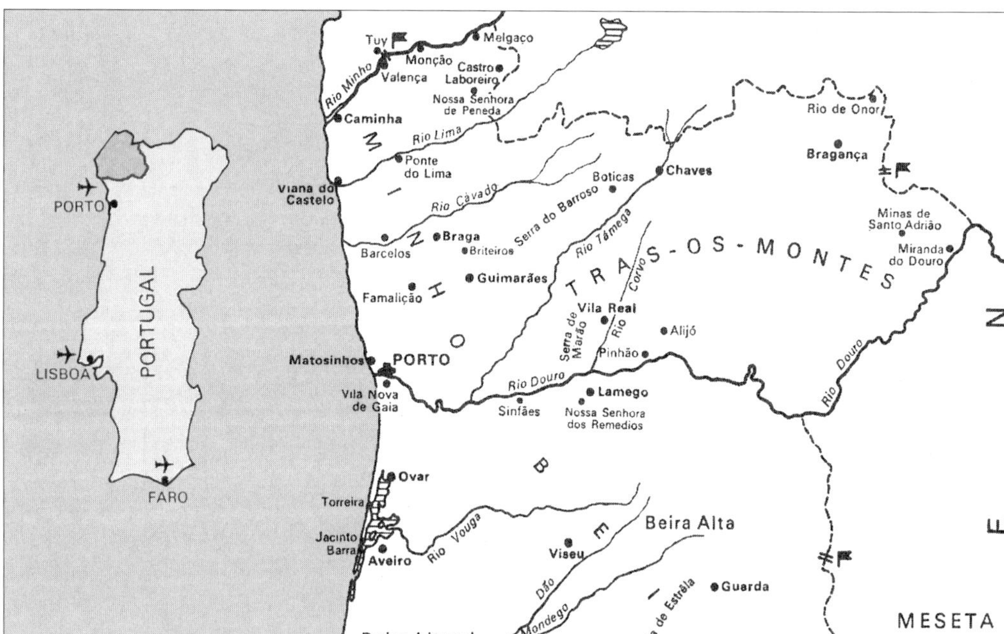

| | | |
|---|---|---|
| O que tens feito nos últimos tempos? | | Tenho descansado muito.<br>Tenho lido bastante. |
| O que tens contra as romarias? | Nada, | mas tens que concordar que …<br>mas é um facto que …<br>mas não se pode negar que já foram melhores. |
| Qual é a melhor altura para vir de férias? | | Se puderes, vem em Setembro. |
| Queres alguma coisa da Alemanha? | | Quando vieres, traz-me uma mostarda. |

**Actividade 1** O que tem acontecido ultimamente?

Pergunte à colega o que é que tem feito ultimamente. Inspire-se nas seguintes frases:

- fazer horas extraordinárias
- estar de serviço à noite
- ter muito que fazer
- ver o noticiário na televisão
- receber encomendas
- vir para casa depois do trabalho
- ir ao curso de computadores
- telefonar para o estrangeiro
- ler o jornal
- sair aos fins de semana
- falar com os colegas da outra filial
- entrar gente nova para a firma
- falar português

**Actividade 2** Tens vindo tarde para casa, ultimamente?

**1.** O orientador do curso vai dar-lhe uma destas três fichas que ele fotocopiou e recortou. Levante-se e, com base na sua ficha, comece a perguntar aos colegas:

Tens ficado muito em casa, ultimamente?

Tente encontrar, para cada frase da ficha, um colega que tenha feito o que está lá escrito. Escreva, ao lado da frase, o nome dele.

**Em casa**

ficar em casa
ler bastante
ir cedo para a cama
renovar a casa (vocês)
trabalhar muito no jardim
pôr alcatifa em toda a casa

**No seu tempo livre**

sair à noite
nadar bastante
andar muito a pé
jogar cartas
ir várias vezes comer fora
ver bons filmes
ouvir música
dançar

**No trabalho**

ter muito que fazer
estar muitos colegas de férias
receber muitas encomendas (vocês na firma)
fazer horas extraordinárias
estar os computadores avariados
entrar gente nova para a firma

**Sie haben gelernt,**

- **wie man darüber berichtet, was man in der letzten Zeit gemacht hat.**

**2.** Sente-se agora com mais dois colegas que tenham fichas diferentes e contem uns aos outros «quem» fez «o quê», nos últimos tempos.

**Actividade 3** Foram os minhotos.

Preencham o seguinte diálogo com os verbos nos tempos certos.

□ Nos últimos tempos ________ ________ (viajar) muito pelo Minho e ________ ________ (ver) por toda a parte maravilhosas igrejas barrocas. O que me admira é que a maior parte destas igrejas são ricas, embora ________ ________ (estar situado) em lugarejos. Não te parece estranho que aldeias tão pequenas ________ (ter) dinheiro para construir igrejas tão ricas?

■ A explicação ________ (ser) muito simples. Essas igrejas ________ ________ (ser construído) no século XVIII com o ouro do Brasil. Uma grande parte dos portugueses que ________ ________ (ir colonizar) o Brasil, ________ (ser) minhotos e quando ________ (ficar) ricos, investiram o dinheiro nas aldeias donde ________ ________ (partir).

□ Ah! É isso!

■ Agora eu ________ (compreender) também porque é que as lindas cidades coloniais brasileiras, Ouro Preto, Tira Dentes, Diamantina, ________ (lembrar) tanto a arquitectura do Norte de Portugal. ________ (ser) os minhotos que ________ (levar) esta arquitectura para o Brasil.
É pena tu ________ (não conhecer) o Brasil, senão ________ (descobrir) enormes semelhanças entre estes dois países.

**Actividade 4** Eu só vou ao Brasil se tiver dinheiro.

Como podem combinar estas frases?

| | |
|---|---|
| 1. Eu só vou ao Brasil, | se casares a preceito, é claro. |
| 2. O teu filho só vai saber quanto custa a vida, | se tiver dinheiro. |
| 3. Um casamento sai muito caro, | quando começarem as festas. |
| 4. Para o ano, eu só posso estar com vocês, | quando ele sair da tua casa. |
| 5. O meu filho quer estar aqui, | se viermos até à meia-noite. |
| 6. O Paulo disse que nos abre a porta, | se vocês vierem em Julho. |

**Actividade 5** Pedidos e conselhos.

Imagine que vive em Portugal e tem um cliente alemão que vai lá em negócios. Aqui estão alguns pedidos e ofertas que você lhe faz, assim como alguns conselhos que você lhe dá. Escreva-os, começando as frases com a expressão:

Quando vier a Portugal...

Quando vier a Portugal, traga-me um mapa de Frankfurt, faz favor.

Continuem ...

**1.** a. Vir visitar-nos.
b. Trazer um mapa de Frankfurt.
c. Alugar um carro.
d. Não se esquecer da carta de condução e da carta verde.
e. Dizer em que hotel quer ficar.
f. Eu poder reservar o seu hotel.
g. Ir ver a revista que está a passar em Lisboa.
h. Avisar-me um mês antes para se comprar bilhetes para a revista.
i. Dirigir-se logo ao balcão da TAP no aeroporto.
j. Encontrar um amigo meu que o ajuda na alfândega.
k. Ir à Feira dos Têxteis em Lisboa.
l. Não deixar de visitar o nosso stand na feira.

**2.** Agora tentem relacionar sempre duas das frases acima, começando a primeira frase com «se».

Se vier nos visitar, traga-me um mapa de Frankfurt, faz favor.

Continuem ...

**Actividade 6** Diga ou deixe um recado.

**1.** A Marisa quer dar amanhã um passeio de bicicleta. À noite ela avisa os filhos, caso eles queiram ir também. Neste caso teriam que se levantar às 8 horas. Como continuam as suas frases?

Se vocês ______________________________ (querer)

________________________________________

**2.** Ela lembra ao marido que ele tem que marcar o voo para Londres, depois de sair do emprego.

Quando ______________________________________________ (sair)

____________________________________________________________

**3.** Ela oferece-se para comprar bilhetes para o concerto do Rui Veloso, caso o novo colega queira ir também. (Ainda não se tratam por tu.)

Se ______________________________________________ (querer)

____________________________________________________________

**4.** Ela só deixa os filhos sair para brincar, depois de terminarem o trabalho de casa.

Enquanto não ________________________________________ (terminar)

____________________________________________________________

**5.** Uma amiga quer almoçar com a Marisa. Esta, explica pelo telefone que só pode sair do escritório, depois da outra colega chegar.

Enquanto a minha colega não ___________________________ (chegar)

____________________________________________________________

**6.** Ela convida os vizinhos a passar lá por casa, caso tenham tempo, para lhes dar endereços e mostrar fotos da Baviera onde eles vão passar férias.

Se vocês ________________________________________ (ter tempo)

________________________________________ (passar lá por casa)

____________________________________________________________

____________________________________________________________

**Actividade 7** Eu telefono-te quando eu chegar.

Joana vai a Marrocos, em serviço. Antes de partir, tem o seguinte diálogo com o marido. Complete-o:

□ Adeus, querida.
■ Eu telefono-te quando ______________ hotel (chegar).
□ Mas não te esqueças que eu vou sair!

■ Se não __________ (estar) em casa, eu deixo recado no atendedor de chamadas para __________ que eu cheguei bem. (saber)
□ Quando calculas que chegas lá hoje?
■ Se o avião não __________ (ter) atraso, chego às oito em ponto.
□ Está bem. Não te esqueças de me telefonar quando __________ (saber) a data certa da vinda, para eu te __________ (ir buscar).

**Actividade 8**

Imagine que trabalha na Lufthansa em Lisboa e um cliente muito conhecido pede-lhe os seus conselhos. Representem, dois a dois, a seguinte cena:

**Sie** — **O Sr. Pires**

Sie: Sie begrüßen ihn herzlich.

O Sr. Pires: Er reagiert entsprechend.

Sie: Sie beschweren sich, daß er sich lange nicht blicken ließ.

O Sr. Pires: Er entschuldigt sich mit der vielen Arbeit in seiner Agentur.
Er berichtet von seinem Plan, eine Gruppenreise nach München zu organisieren. Mögliche Termine wären Februar oder September.
Er möchte, daß Sie ihn bei der Terminauswahl beraten.

Sie: Sie schildern ihm die Alternativen, die beide sehr interessant sein können:
Falls er im September fährt, schildern Sie ihm die Reize der Jahreszeit und des Oktoberfestes.
Falls er im Februar fährt, schildern Sie ihm die Reize der Wintersaison und des Wintersports.

O Sr. Pires: Er möchte noch wissen, welche Kleidung er mitnehmen soll, falls er im Februar fährt.

Schließlich möchte er wissen, was er als Gastgeschenke für seine Freunde mitnehmen soll.

Sie: Sie empfehlen einige typisch portugiesische Produkte.

**Sie haben gelernt,**

- wie man eine Bedingung in der Zukunft ausdrückt.
- wie man um Ratschläge bittet und Ratschläge erteilt.

## 2 Artesãos de hoje e de sempre

Numa época em que a revolução industrial parece ter chegado ao fim, e os productos industriais conquistam todos os mercados, há ainda e haverá sempre aqueles que teimam em produzir duma forma pré-industrial e fazem desse trabalho a sua razão de vida.

São os artesãos: os ferreiros, os tamanqueiros, os cesteiros, os oleiros, os tecelões, os ourives, as bordadeiras, as rendeiras, os ceramistas e tantos outros ... até mesmo os lavradores nas regiões montanhosas.

**Sr. Domingos – ferreiro**

□ Há quantos anos é que o Sr. está nesta profissão?
■ Há 30 anos, mais o menos.
□ Tem alguém a quem deixar a sua oficina?
■ Não senhora.
□ Pode viver da profissão de ferreiro?
■ Ora, vai-se arremediando, não é?
□ E gosta do seu trabalho?
■ Pois, tenho paixão.
□ O que é que o senhor faz? Pode-me mostrar?
■ Faço objetos de ferro batido. Esta faca, por exemplo, é com que matam o porco.

Entrevista feita em Paredes de Coura (Minho), Agosto 1991

**Sr. Gaspar – tamanqueiro**

□ Sr. Gaspar, há quantos anos está neste ofício?

■ Desde pequenino. Tinha 12 anos quando comecei, hoje tenho 56, está a ver!

□ E nunca teve outra profissão?

■ Nunca tive, mas também gosto muito dela e até será por causa deste amor à arte que consegui fazer uns tostõezitos.

□ Então, consegue-se viver deste ofício.

■ Vive-se como de outro qualquer.

□ O que é que o senhor faz, propriamente?

■ Faço tamancos, mas o meu forte é em madeira. Faço muita qualidade de calçado, mas a sola é tudo de madeira e o resto em couro. Dantes, quando no campo se usava mais este calçado, não havia tanta gente doente como agora. Porque a madeira não deixa arrefecer os pés.

□ Conhece alguém na sua freguesia que vá continuar o seu ofício?

■ Não, não conheço. Nem vão, porque não querem. Agora a malta quer trabalhar aquelas 5 horitas, por conta própria, ou as 8 horas por conta de outro e pronto. Trabalhar aí como trolha ou numa fábrica ...

□ O senhor tem direito à reforma e à caixa de previdência?

■ Tenho sim. Isto era uma oficina aberta de tamancaria. Agora, até por acaso já estou reformado. Reformado, é como quem diz, tenho uma reformita, aquilo até nem dá pra viver.

□ Por isso, o senhor continua a trabalhar?

■ Sim, mas já sem a oficina, só faço coisas à mão.

□ E a Câmara dá-lhe algum apoio? Vem cá buscar as suas coisas para vender em exposições?

■ Vem, vem. Mas é a tal coisa. Para vender, eu tenho que passar uma factura e eu não sou colectado.

□ O que quer dizer com «colectado»?

■ Eu não pago imposto, porque sou reformado. É o tal I.V.A. que são 17 %. Se eu quiser vender tenho que pôr o I.V.A..

**Sr.ª D. Albertina – pintora de cerâmica**

□ Há quantos anos trabalha, D. Albertina?
■ Eu trabalho da idade dos 13 anos. Tenho 71, nem sei há quantos anos trabalho ...
□ E sempre na mesma profissão?
■ Sempre na mesma. Gosto muito disto, eu adoro isto, adoro isto. Isto parece que nasceu comigo. Mas estou muito cansada ...

□ A senhora já trabalhou antigamente nalguma fábrica de cerâmica?
■ Trabalhei na fábrica do Carvalhinho que fechou há 20 anos e que era a fábrica número um do Norte.
□ Com quem aprendeu a pintar?
■ Com uma professora lá da fábrica, formada em Belas Artes.
□ A senhora tem a impressão que há jóvens aprendendo este ofício?
■ Hoje há muita gente que gosta de aprender e que está a trabalhar, mas este estilo de faiança, isto é mesmo louça artística, não é toda a gente que sabe fazer.
□ Acha que se pode viver só do artesanato?
■ Acho que sim. Se se vender bem, pode-se.
□ E vende-se bem?
■ Vende-se, vende-se. É o que me tem valido. Tenho a minha pensão e a do meu marido, mas são 30 contos as duas, pouca dá para a gente viver ... e isto tem-me valido.

Entrevista em Vila Nova de Gaia, Agosto 1991

◀ Entrevista feita em Paredes de Coura (Minho), Agosto 1991

| | |
|---|---|
| Pode-se viver desta profissão? | Vai-se arremediando.<br>Sim, pode-se.<br>É o que me tem valido.<br>Não, isto não dá.<br>Não dá lucro nenhum. |
| Gosta do seu trabalho? | Gosto muito.<br>Tenho paixão por ele.<br>Adoro.<br>Mais ou menos.<br>Não. Só trabalho por necessidade.<br>Detesto. Estou farto dele. |

**Actividade 9** Pode-se viver do seu ofício?

**1.** Depois de lerem as três entrevistas, conversem em grupo sobre o que disseram os três artesãos. Preencham a seguinte tabela:

| | O Sr. Domingos, | O Sr. Gaspar, | A D. Albertina |
|---|---|---|---|
| Desde quando trabalham? | | | |
| O que fazem? | | | |
| Gostam do ofício? | | | |
| Como o dizem? | | | |
| Pode-se viver deste trabalho? | | | |
| Têm quem continue o seu ofício? | | | |

**2.** – Olhando para o quadro que acabaram de preencher, o que encontram de comum aos três artesãos?
– Qual é o problema que o Sr. Gaspar tem com a venda dos seus artigos?
– Quais destes ofícios ainda há no seu país?

**Actividade 10** Isto não dá!

Vamos ouvir um cesteiro de Vila Nova de Gaia.

| | Certo ou errado? | |
|---|---|---|
| 1. Há muita gente a fazer cestos no Porto. | ☐ | ☐ |
| 2. Na terra dele, a maior parte das pessoas são cesteiros. | ☐ | ☐ |
| 3. Ele acha que esta profissão dá lucro. | ☐ | ☐ |
| 4. Ele quer abandonar o seu ofício. | ☐ | ☐ |
| 5. Ele trabalha sem formas. Faz tudo à mão e a olho. | ☐ | ☐ |
| 6. Todos na família são cesteiros. | ☐ | ☐ |

Entrevista feita em Vila Nova de Gaia, Agosto 1991

**Actividade 11** Rollenspiel

Imaginem um diálogo entre este cesteiro e o pai dele quando soube que o filho quer abandonar a profissão. A princípio o pai não acredita, depois tenta convencer o filho a mudar de ideias. Os dois discutem a sério.
Represente a cena com um colega.

Continuem ...

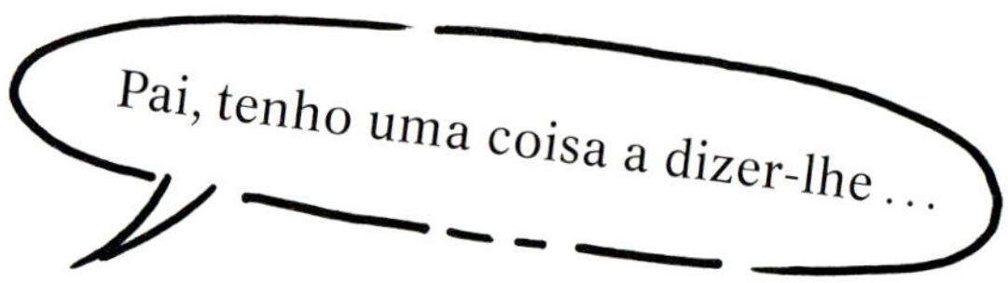

**Sie haben gelernt,**

- **wie man über Berufe und ihre Bedingungen berichtet, und wie man ausdrückt, was man für seinen Beruf empfindet.**

## 3 O artesanato tem futuro?

Entrevista com o coordenador da Casa de Cultura em Paredes de Coura (Minho), Agosto 1991

**Actividade 12**

Comparem a opinião do Dr. Aníbal com o seguinte artigo:

Barcelos **Artesãos cantam de galo** Público, 11.9.90

190.000 visitantes nacionais e estrangeiros passaram até ao último domingo pelo parque da cidade de Barcelos, para apreciarem a VIII Mostra de Artesanato e Cerâmica – Barcelos 90 –, que desde o passado dia 1 ali decorreu. Segundo os organizadores, esta edição da feira traduziu-se num «verdadeiro sucesso». Os artesãos participantes confirmam, pois venderam e realizaram negócios «como nunca havia sucedido».

O que acham de comum entre os dois?

**Actividade 13**

Dois a dois, procurem descobrir as palavras que faltam no texto, para que ele faça sentido.

□ Sr. Dr. Aníbal, como é que vê o ________________ do artesanato?
■ Olhe, após o 25 de Abril, houve muito a ______ de que o artesanato era uma forma de trabalho muito explorada, o que de facto era. Por ____________ não se deu qualquer incentivo ao artesanato. Agora, ____________ -se a ver que as Artes e os Ofícios ______ Portugal, têm futuro, se se __________ ganhar o interesse dos jovens. E é isso que os novos ______ de Formação Profissional tentam fazer – formar novas gerações de ____________ . Não calcula o ____________ que têm as feiras de artesanato!

**Actividade 14** Pode-se encomendar um tapete?

Você esteve em Portugal no passado mês de Junho e visitou uma fábrica de tapetes de Arraiolos. Naquela altura, não tinha nem dinheiro para comprar, nem possibilidade de transportar um tapete. Escreva agora à fábrica explicando tudo isto e perguntando se eles mandam encomendas para o estrangeiro.

- Preço de um tapete 2,10 x 1,40.
- Preço do transporte por terra.
- Prazo de entrega.
- Modo de pagamento.
- Você espera uma resposta rápida porque quer dar o tapete como presente de casamento.

## T Feiras, festas e romarias

Durante a Idade Média as feiras, em Portugal, eram realizadas quase sempre por altura de uma festa religiosa, a chamada romaria. Ainda hoje é raro haver uma romaria sem feira.

No Norte, periodicamente, o povo desce às vilas ou sobe às ermidas para rezar, cumprir as suas promessas e ao mesmo tempo feirar, cantar e bailar.

A feira, a romaria e o arraial, ou seja a festa popular, são a distracção do lavrador. «Rezam as tradições que as Feiras Novas surgiram como momento de

Feira da Ponte de Lima

Ponte de Lima

Moça do Minho

descanso e de recreio para os lavradores do Minho. De facto, o calendário agrícola diz que, em Setembro, feitas as colheitas do milho e do centeio, os lavradores se preparavam para a dura labuta das vindimas. As feiras eram o intervalo necessário. Funcionaram sempre como um polo de mercado privilegiado e um momento lúdico de retempero de forças.» E é assim desde 1125 quando se realizou a primeira Feira Nova em Ponte de Lima.

A partir do séc XV, as feiras perderam muito da sua importância em Portugal, devido à descoberta das rotas marítimas. Toda a actividade económica desloca-se para os portos de mar.

Lisboa transforma-se então na capital do comércio e em breve se torna a cidade mais rica da Europa. Aí chegam as mais variadas especiarias orientais, as sedas, as pedras preciosas, o café, o ouro, o diamante, vindos da América, sem falar nas madeiras valiosas.

O comério mundial entra numa nova era, e as feiras esvaziam-se. A população abandona o campo, começa a emigrar, atraída pela colonização das novas terras.

Mas as feiras nunca acabaram totalmente, como o provam as Feiras Novas de Ponte de Lima que todos os anos se realizam em meados de Setembro e põem esta cidade em alvoroço durante três dias.

Gigantones que desfilam nas festas populares

Vem gente de todo o Norte, até de Espanha.

As atracções são muitas: no sábado – uma corrida de garranos, no domingo – a gente do Minho mostra as suas artes e ofícios num longo e deslumbrante cortejo, terminando a festa na segunda-feira com a tradicional procissão à Nossa Senhora das Dores.

Contudo é o mercado que domina as atenções. O areal à beira-rio cobre-se de mercadorias que vão desde roupa vendida a quilo, a carnes defumadas, doces, mobílias, calçado, louças etc. Dezenas de tendas ao vento, vendedores aos berros e música para todos os gostos. À noite, canta-se e dança-se nas tabernas ao som das orquestras galegas.

Mais para o Sul, temos duas feiras de grande tradição – a Feira de São Pedro de Sintra e a Feira da Ladra em Lisboa que se crê ter começado no séc. XII.

E o que dizer das muitas exposições de comércio e indústria? Não serão elas as feiras dos tempos modernos?

**Actividade 15** As feiras nunca acabaram totalmente.

Leiam os três primeiros parágrafos do texto. Em grupos de três, escrevam as palavras-chaves de cada parágrafo que vocês já conhecem e, ao lado, aquelas que lhes faltam para compreender o texto. Seguidamente consultem o vocabulário ou a orientadora.
Leiam uma segunda vez o texto. O grupo vai agora tentar contar o que leu, parágrafo por parágrafo e orientando-se pelo seguinte esquema. Cada um concentra-se num parágrafo.

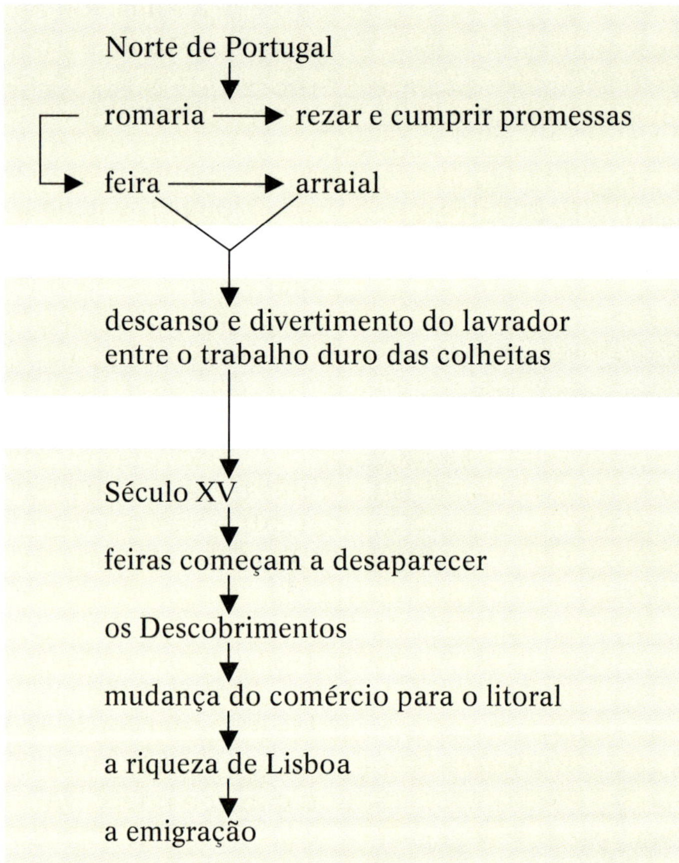


Leiam agora o texto até ao fim. Depois de consultarem o vocabulário, contem sucessivamente no grupo quando se realizam as feiras de Ponte de Lima, qual é o programa das festas e como é o mercado (local, tamanho, mercadorias etc.).

**Actividade 16** Calendário de feiras e exposições em Lisboa.

É capaz de adivinhar que feiras e exposições são estas à esquerda, realizadas em Lisboa? Juntamente com uma colega procure ajuda na coluna da direita.

O que é a INTERMODA?

É uma feira de pronto a vestir.

Continuem ...

LARTÉCNICA
AUTOCASIÃO
VINIFIL
EXPOLIMPE
Filsol
NUTRIFIL
32A FIL
INTERMODA
Brinca
FILANTIGUIDADES

Feira de pronto a vestir
Exposição de electrodomésticos
Exposição de limpeza e manutenção
Exposição de brinquedos e material didáctico
Feira Internacional de Antiguidades
Feira Internacional de Energia Alternativa
32a Feira Internacional de Lisboa
Exposição Internacional de Vinhos
Feira de carros usados
Exposição Internacional de Alimentação

**Actividade 17** Muito conhecida é a feira de Leipzig.

Conversem em grupo sobre as feiras do vosso país ou da vossa cidade.
Que tipos de feiras há? (Feiras industriais, agrícolas, do livro, da ladra, etc.)
Onde e quando se realizam?
Quais são as mais conhecidas?
São muito visitadas? ou não? O que leva as pessoas às feiras?

**Actividade 18** Adoro feiras da ladra!

- Costuma ir às feiras da ladra? Há alguma no seu bairro?
- Já participou de alguma, como vendedor/a?
- Em que é que a feira da ladra é diferente das outras?
- Troquem as vossas experiências.

MINHO
VIANA DO CASTELO
BRAGA
TRÁS-os-MONTES
E
ALTO DOURO
BRAGANÇA
VILA REAL
DOURO
LITORAL
PORTO
AVEIRO
VISEU
BEIRA ALTA
GUARDA
BEIRA LITORAL
COIMBRA
BEIRA BAIXA
CASTELO BRANCO
LEIRIA
ESTREMADURA
SANTARÉM
RIBATEJO
PORTALEGRE
ALTO ALENTEJO
Lisboa
ÉVORA
SETÚBAL
BAIXO
ALENTEJO
BEJA
ALGARVE
FARO

| Thema/Situation | Lernziele | Grammatik |
|---|---|---|
| **A 1**<br>**Esta noite tive um sonho**<br>Ein Traum wird erzählt | Wie man etwas Vergangenes erzählt und beim Erzählen ein Stadtbild, Menschen, Milieus und Situationen beschreibt | Wiederholung und Vertiefung von *pretérito perfeito* und *pretérito imperfeito* |
| **1**<br>**Quem vem e atravessa o rio …**<br>Vorstellung einer Stadt | Wie man eine Stadt beschreibt<br><br>Wie man Ereignisse im Passiv erzählt | *Voz passiva* |
| **2**<br>**O Porto quer ser património mundial**<br>Zukunftswünsche einer Stadt | Wie man eine Bedingung ausdrückt, die zur Zeit oder grundsätzlich unrealistisch ist | *Imperfeito do conjuntivo* in irrealen Konditionalsätzen mit *se* |
| **3**<br>**Como recuperar o centro histórico?**<br>Stadtteilsanierung aus der Sicht der Beteiligten | Wie man über Stadtentwicklung diskutiert<br><br>Wie man für seine Stadt etwas wünscht oder erträumt | *Imperfeito do conjuntivo* im Nebensatz:<br>die Zeitenfolge<br>Eu *esperava* que ele *viesse*<br>Não *acreditei* que eles *chegassem* |

# UNIDADE 6

**Actividade 1**

Imagine que esta noite sonhou que estava numa cidade medieval, onde nunca tinha estado antes. As palavras dos quatro quadros seguintes sugerem como foi esse sonho. Leia-as com atenção, consulte o vocabulário ou o orientador, sempre que necessário, e tentem em grupo contar o sonho, empregando o pretérito perfeito e imperfeito.

① A cidade era construída ...

- a encosta
- à beira-rio
- parece
- o burgo medieval
- o casario de granito
- o aspecto pesado, rude e austero

② Na cidade havia ...

- o porto situado
- a foz do rio
- no cais está
- a grande frota
- muita gente
- abastece
- navios
- carne

③

No sonho, eu subi . . .

as escadas de pedra
desde o rio até ao cimo.

Passo por
ruas estreitas,
casas pobres.

Nas janelas há roupa a secar.

Por toda a parte vêem-se
tascas cheias de homens.

As mulheres conversam nas
escadas.
As crianças brincam por perto.

④

De repente vi . . .

uma mulher que leva
um cesto à cabeça e
está vestida de preto.
Ela deixa cair uma chave,
fala com o guarda
no fim da rua e
desaparece.
Eu apanho a chave.
Pergunto ao guarda pela mulher.
Ele mostra-me um caminho que
leva ao palácio real.
Eu vou até lá, entro e vejo
uma grande sala.
Ela está toda iluminada e cheia de
gente.
O rei está sentado no trono com
toda a corte em redor.
Em cada canto há um cruzado em
pé, controlando as entradas.
Quando me vêem, prendem-me,
eu acordo.

Vamos ler agora um texto que já não é sonho, mas que fala também duma cidade medieval.

**Sie haben gelernt,**

- **wie man etwas Vergangenes erzählt und beim Erzählen ein Stadtbild, Menschen, Milieus und Situationen beschreibt.**

**1**

«Quem vem e atravessa o rio, junto à Serra do Pilar, vê um velho casario, que se estende até ao mar...»

Canção de Rui Veloso (Porto sentido)

Construída a granito numa encosta à beira Douro, a cidade do Porto viveu muitos anos virada para o rio. À medida que cresceu, voltou as costas ao Douro. O que nunca perdeu, foi o seu aspecto rude e austero, debaixo do qual se esconde um certo encanto.

O seu *cartão de visita* é a Av. da Liberdade. Ao fundo, a Câmara Municipal domina a praça, com a sua torre central – símbolo do poder da burguesia.

Mas o coração da cidade está no *centro histórico* com os seus bairros populares voltados para o rio: Sé, Miragaia, Fontaínhas, Ribeira ...
Foi aqui, nas margens do Douro, que os Romanos, chegados à região 200 anos A. C., fundaram um porto e um centro de comércio chamado **Portus Cale** que no decorrer dos séculos, daria o nome não só ao burgo que crescia à margem do Douro – **Portucale**, mas mais tarde se estenderia a todo o território entre o Minho e Algarve – **Portugal.**

A **Ribeira** está se enchendo de «pubs» e restaurantes, numa imitação do que os lisboetas começaram a fazer no Bairro Alto.

A **Sé** é a freguesia que a cidade mais esqueceu. Nas suas ruas medievais, corre a droga e cresce a prostituição.

E tem o *Porto de Leixões.* ...

A cidade estende-se por uma área de 40 km$^2$ na foz do Rio Douro. Com os seus 450 000 habitantes e a sua intensa actividade comercial, ocupa o segundo lugar entre as cidades do país. É servida por um aeroporto internacional, 3 estações importantes, auto-estradas recentes e pelo porto de Leixões por onde são escoados os productos de toda a região Norte: milho, trigo, madeira, ferro, algodão, cortiça, vinhos, calçados e têxteis, ou seja, 60% do total das exportações portuguesas.

Os *tripeiros* ...

Quando, no séc. XV, Portugal sonha com descobertas e riquezas, faz várias expedições ao Norte de África para ocupar, na sua costa, pontos estratégicos.

A frota que tomou Ceuta aos árabes, em 1415, foi armada na Ribeira por Henrique o Navegador.
Diz a lenda que o povo do burgo deu quanto tinha para abastecer esses navios, nomeadamente toda a carne que havia na cidade, guardando para si apenas as tripas dos animais. Daí nasceu o nome de «tripeiros» que os portuenses usam com orgulho.

E tem o *nevoeiro* ...

que subindo do mar, bem cedinho vai conquistando a cidade, mas lá pelas onze horas perde a batalha.

**Actividade 2** O Porto é uma cidade situada na foz do Douro.

| Área | População | Situação geográfica | Aspecto e carácter da cidade | Principais actividades económicas |
|---|---|---|---|---|
| | | Norte<br>...<br>na foz do<br>...<br>à beira de um lago<br>...<br>entre montanhas | pesado<br>...<br>...<br>verde<br>de altos e baixos<br><br>plana<br>alegre<br>vida cultural/ intensa<br>burguesa<br>...<br>estudantil<br>... | administração<br>comércio<br>exportação de vinhos<br>...<br>...<br>indústrias<br>...<br>...<br>metalúrgica |

Baseando-se no texto e na tabela anteriores, procure só as palavras de que necessita para falar da cidade do Porto e complete com outras que ache necessárias. Trabalhe com um colega, e descrevam um ao outro a cidade, sob vários aspectos.

**Actividade 3** A minha cidade fica à beira de um lago.

Baseando-se na mesma tabela, fale agora da sua própria cidade ou de uma outra que conheça bem.

**Sie haben gelernt,**

- **wie man eine Stadt beschreibt.**

**Actividade 4** Eu fui presa pelos cruzados.

Voltem à actividade 1 e leiam a última parte do sonho, quadro no. 4.
Respondam com uma única palavra às seguintes perguntas:

Quem levava o cesto à cabeça?

Uma mulher.

Continuem ...

Quem viu a mulher pela última vez?
Quem apanhou a chave?
Quem lhe deu informações sobre a mulher?
Quem o/a prendeu?

Agora façam frases completas com essas palavras, empregando a voz passiva.
Comparem as frases entre si.

O cesto era levado à cabeça por uma mulher.

Continuem ...

**Actividade 5**

Construam frases ligando os quatro elementos seguintes. Comparem os vossos resultados.

| | | |
|---|---|---|
| Os portuenses e os cruzados ingleses | ajudar | o primeiro rei de Portugal<br>na conquista de Lisboa aos mouros. |
| Eiffel | construir | a ponte D. Maria Pia<br>em 1877. |
| Pedro Álvares Cabral | descobrir | o Brasil<br>em 1500. |
| Os ingleses | conhecer | o vinho verde<br>desde o séc XIII. |
| Henrique o Navegador | armar | a frota que conquistou Ceuta em 1415<br>na Ribeira. |

| | | |
|---|---|---|
| Os portuenses | dar | toda a carne da cidade<br>para abastecer os navios. |
| Os portugueses | fazer | várias expedições<br>Norte de África, no séc. XV. |
| Os tripeiros | ver | o Porto<br>como a capital do Norte. |
| A Câmara do Porto, no futuro, | recuperar | o bairro da Sé<br>em primeiro lugar. |

**Actividade 6**

Escrevam agora as mesmas frases, mas usando a voz passiva.

O primeiro rei de Portugal foi ajudado pelos portuenses e pelos cruzados ingleses, na conquista de Lisboa aos mouros.

Continuem …

**Sie haben gelernt,**

- **wie man Ereignisse im Passiv erzählt.**

**Actividade 7** Já não me lembro do sonho …

Trabalhem em pequenos grupos e conversem um pouco sobre esse mundo do subconsciente, procurando ajuda nas frases à direita.

- Sonhou ontem à noite?
- Pode lembrar-se do sonho?
- Tem muitas vezes o mesmo sonho?
- Descreva-o.
- Sabe alguma coisa sobre o significado dos sonhos?

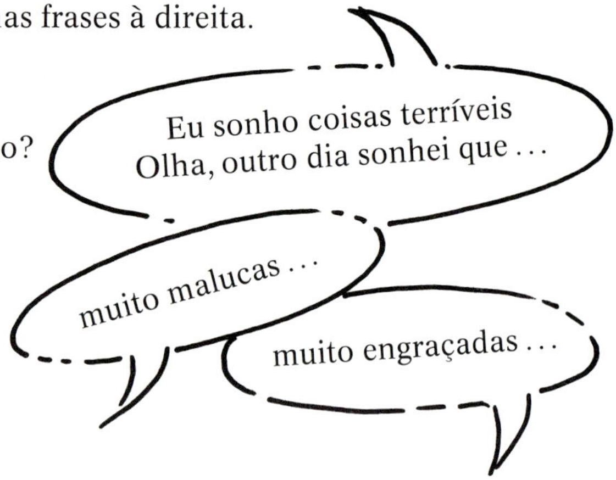


**Actividade 8** Coimbra é uma «lição de sonho e tradição».

Ouçamos agora a cassete. O que é que a Joana diz da sua cidade?

## 2 O Porto quer ser património mundial

□ Sabes que o Porto quer que a Unesco considere o seu centro histórico como património mundial?
■ Se isso acontecesse, seria óptimo ...
Teríamos finalmente verbas para recuperar aquilo!
□ Bem, verbas, já temos da CE.
E a renovação do centro histórico já começou, aliás com muita polémica ...

| | |
|---|---|
| Eles querem finalmente recuperar a Sé. | Se isso acontecesse, seria óptimo. |
| A beira-rio tem muito «charme», não achas? | Se a cidade se voltasse mais para o rio, só ganharia com isso. |

**Actividade 9** Se criassem uma área de lazer, seria óptimo.

**1.** Seguem-se sete situações diferentes. Leiam com atenção os desejos de A e as reacções de B.

| A | B |
|---|---|
| Eu não sei o que fazer nesta cidade, no tempo livre! Não há uma piscina pública ... E como andar de bicicleta com este trânsito infernal? | Se os políticos criassem na beira-rio uma área de lazer, seria óptimo para todos nós. |
| Não achas que falta verde nesta cidade? | Se todos os que têm um quintal plantassem uma árvore, esta cidade seria mais verde. |
| Faz-me pena ver tantos jovens drogados. | Se houvesse mais centros sociais para jovens, não haveria talvez tantos drogados. |

Faz favor, eu queria um disco com aquela canção de cujo nome não me lembro. A música é assim: tam ... taram ... tam ... tam ...

Se soubesse o nome da canção ou pelo menos do cantor, eu procurava-o. Assim é impossível.

Sr. Doutor, pode-me tirar este dente? Não aguento mais as dores!

Se ele não estivesse tão inflamado, eu tirava-lho.

Faz favor, eu queria um livro sobre «erotismo» que está a ser muito discutido no momento.

Se me desse o título ou o autor, eu poderia procurá-lo.

Eu precisava de mais um empréstimo de trinta contos.

Se o senhor cumprisse com os prazos de pagamento, eu dava-lhe um crédito, assim não.

**2.** Em trabalho de grupo, tentem preencher a seguinte tabela:

| Que desejos tem A? | Foram satisfeitos? | Quais são as condições postas por **B**, para que **A** realize os seus desejos? |
|---|---|---|
| Ele quer nadar e andar de bicicleta no seu tempo livre.<br>Continuem ...<br>...<br>... | Ainda não | Se os políticos **criassem** uma área de lazer na beira-rio ...<br>Se todos os que têm um quintal **plantassem** uma árvore ... |

3. Dê atenção à forma como **B** põe as condiões para que os desejos de **A** sejam realizados.

Se os políticos criassem uma área de lazer, seria óptimo para todos nós.

Se ele não estivesse tão inflamado, eu tirava-lho.

**Actividade 10** Se fizéssemos férias juntos, seria tão bom!

Formem grupos de quatro e falem sobre a possibilidade de fazerem férias juntos em Portugal. Dois de vocês (grupo **A**) são a favor desta ideia e dois (**B**) são contra.

| Argumentos de **A** | Argumentos de **B** |
|---|---|
| Ir de carro. | Achar o carro cansativo. |
| Dividir as despesas. | Não querer ir quando os outros vão. |
| Alugar um apartamento. | Não gostar de cozinhar nas férias. |
| Cozinhar juntos. | Preferir pensão completa em meses mais baratos. |
| Conhecer melhor o país de carro. | Não conseguir andar sempre em grupo. |
| Estar sempre juntos, ter companhia. | |

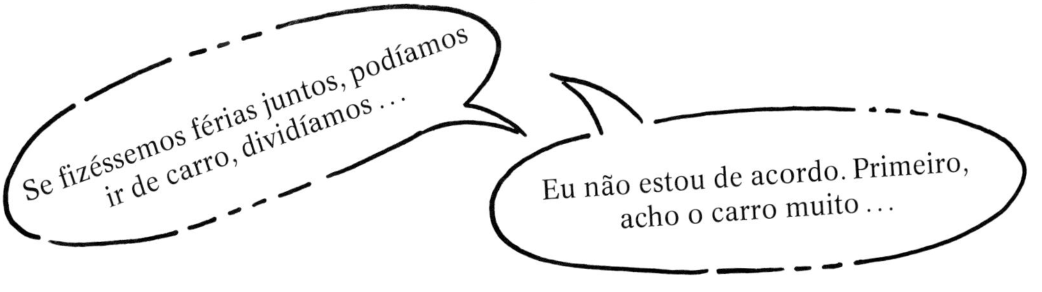


**Actividade 11** O que faria, se se apaixonasse?

Aqui estão apresentadas catorze situações hipotéticas. A orientadora de curso pode fazer delas quatro ou cinco fotocópias, conforme o tamanho do grupo, e recortá-las em forma de cartões. Depois, divide a classe em pequenos grupos de três e entrega a cada grupo um conjunto de 14 cartões. Cada um no grupo tira um deles, lê para si o que está lá escrito e pergunta a um dos colegas o que é que ele faria naquela situação.

1. Você ganhou na lotaria.

O que é que faria, se ganhasse na lotaria?
O que é que farias, se ganhasses na lotaria?

Eu ia logo viajar.
Eu iria logo viajar.
É o meu grande sonho.

Continuem …

2. Tem um dia livre com o qual não contava.

3. Você volta de um passeio a pé, numa região muito solitária, e não encontra mais o carro. Foi roubado.

4. Viaja de metro e vê que está sem bilhete.

5. Apanha um avião, e antes dele levantar voo, nota que está no avião errado.

6. Trabalha num banco e o primeiro cliente do dia, distraído, pede-lhe: «um café com leite, por favor».

7. Alguém lhe diz que é seu filho.

8. Está num hotel e acorda com uma pessoa estranha, dormindo ao seu lado na cama.

9. Você encontra um ladrão em casa.

10. Está a dormir; no meio de um sonho, o telefone toca.

11. Deram-lhe um piano, mas você não sabe tocar.

12. Você apaixonou-se.

13. Você tem que passar cinco anos numa prisão.

14. Está na rua e tem que explicar para um estrangeiro o caminho para a estação central. Você nota que ele não entende quase nada de alemão.

**Actividade 12**

Seria óptimo se vocês lessem outra vez todas estas situações e, em casa, escrevessem o que fariam em cada uma delas.

**Sie haben gelernt,**

- **wie man eine Bedingung ausdrückt, die zur Zeit oder grundsätzlich unrealistisch ist.**

## 3 Como recuperar o centro histórico?

Numa entrevista feita no Porto, sobre a recuperação do bairro da Sé no seu Centro histórico, três pessoas responderam assim:

Ouçamos o que elas dizem:

«Uma coisa é certa.
Aquilo que eles fizeram na Ribeira nós não queremos aqui no nosso bairro.
Já viu aquilo?
Um bairro de gente humilde e trabalhadora, cheio de pubs e restaurantes! Nem se pode dormir, porra!»

Ela aceita qualquer tipo de recuperação do bairro?

«Para mim, o pior é a especulação. Eles renovam as casas, mas depois elas são vendidas mais que uma vez ... De tempos a tempos, mudam de dono. E cada vez que vendem, aumentam de preço. É um lucro de milhares de contos que vai todinho para o bolso dos especuladores. Se isto continuar assim, vai ser tão caro viver aqui que vamos ter que sair. E nós sempre vivemos aqui!»

E ele? Ele é pró ou contra a recuperação?

«Quando eu vim trabalhar para este bairro, encontrei aqui formas de viver como não há em nenhuma outra parte da cidade. As pessoas aqui conhecem-se todas umas às outras, ajudam-se muito e até pra passar o tempo livre elas se juntam. Veja lá quantas colectividades eles têm aqui, e algumas muito antigas. Quase todas estas colectividades nasceram na tasca, que é onde eles primeiro se encontram, não é? Depois é que vem a ideia de fundarem uma associação. E é este espírito colectivo que não pode morrer. Quando eu ouço falar em renovar ... tudo bem, mas o bairro não pode e não deve perder o seu carácter popular.»

E ela? Acha a renovação do bairro necessária?

Quem acaba de falar são:

uma assistente social
um morador
uma moradora
um político
um arquitecto
um padre
um jornalista

?

Justifiquem a vossa resposta.

**Actividade 13** Ouçamos novamente a cassete.

O que é importante para os dois primeiros entrevistados?
A terceira pessoa diz: «Renovar sim, mas o bairro não pode e não deve perder o seu carácter popular.» Porque é que ela diz isso?
Que perguntas é que vocês acham que foram feitas para estas respostas que acabamos de ouvir?
Sendo necessário, ouçam mais uma vez a cassete.

**Actividade 14**

Vocês acabaram de ouvir a opinião de uma moradora, um morador e uma assistente social. Agora leiam o que o arquitecto responsável pela recuperação do bairro disse à revista «Porto»:

«A primeira coisa que nós vamos renovar, porque é a mais urgente, é o bairro da Sé. E ele será rapidamente recuperado, porque a Câmara possui aqui vários imóveis. É claro que será impossível realojar todos os moradores da parte antiga da cidade. Esta área está sobrepovoada. Aqui vivem 20.200 pessoas à espera de melhores condições de vida. Recuperar só os edifícios, não é solução. É preciso dar às pessoas com menos poder económico a possibilidade de continuar a viver aqui. Para estes casos, eu sugiro um sistema de cooperativas de habitação com apoio financeiro do município. Mas, não devemos esquecer que não se pode revitalizar um bairro sem comércio. O aumento do comércio, do turismo e de locais de divertimento trouxe uma certa animação nocturna muita necessária, mas por outro lado criou conflito com uma população que se sente incomodada. É uma situação difícil que a Câmara está tentando equilibrar. De futuro, pensa-se em atrair, em vez de pubs, outro tipo de comércio, como seja a venda de artesanato e pequenas indústrias não poluentes.»

Quais são os aspectos importantes para ele?

**Actividade 15**

Se vocês fossem a Portugal e encontrassem estas pessoas, o que é que gostariam ainda de lhes perguntar?

**Actividade 16**

Na sua opinião, quais são as vantagens e desvantagens que podem resultar para os moradores quando se renova uma casa ou um bairro? Conhece casos concretos?

**Actividade 17** No futuro a minha cidade vai ser maior.

Como é que você vê o futuro da sua cidade? É optimista? O que acha que vai mudar, ou continuar na mesma? Vai haver mais ou menos problemas? Discutam.

**Sie haben gelernt,**

- **wie man über Stadtentwicklung diskutiert.**

**Actividade 18**

Eu gostava que no ano 2000 a minha cidade tivesse outra vez eléctricos...

À pergunta de como gostaria do Porto no ano 2000, uma senhora respondeu:

«Eu gostava que o Porto fosse, no ano 2000, como uma casinha muito limpinha, relva à volta e o rio ao lado.»

«Sábado», 3 de Março 1990

E você, como gostaria da sua cidade no ano 2000?
Revele os seus sonhos para os seus colegas de grupo.

**Sie haben gelernt,**

- **wie man für seine Stadt etwas wünscht oder erträumt.**

**Actividade 19** O convívio na Sé.

**Centros de convívio para a terceira idade (Lares de dia)**

Entrevista feita na freguesia da Sé, no centro social da igreja. Fala a D. Fernanda que por enquanto só frequenta este centro de vez em quando para lanchar e conviver com senhoras da sua idade.

Ouçamos a cassete. Quais destas afirmações estão certas ou erradas?

1. Em todas as freguesias do Porto resolveram fazer centros de convívio para pessoas idosas.
2. Para jovens não existe nada.
3. Alguns velhinhos comem aqui todas as refeições, outros só vêm ao lanche.
4. Ela já é reformada e não trabalha mais.
5. A reforma dela é igual à de uma mulher a dias.
6. O marido é taxista e está reformado por invalidez.
7. Ela é costureira.
8. Há sempre uma vaga nestes centros de convívio.

## Unidade 7

| Thema/Situation | Lernziele | Grammatik |
|---|---|---|
| **A 1**<br>**Eu penso logo no estacionamento**<br>Einführung in das Thema „Auto" | | |
| **A 2**<br>**Indo para o trabalho**<br>Absprachen über den Arbeitsweg | Wie man wiedergibt, was jemand gerade sagt | Indirekte Rede in der Gegenwart: Aussagesätze und Fragesätze |
| **A 3**<br>**O que é que eles disseram?**<br>Situation wie A 2 | Wie man wiedergibt, was jemand gesagt hat | Indirekte Rede in der Vergangenheit: Aussagesätze und Fragesätze<br>Zeitenfolge |
| **1**<br>**Foi mais um roubo**<br>Diebstahl im Bus | Wie man wiedergibt, was jemand im Hinblick auf frühere oder künftige Ereignisse gesagt hat<br><br>Wie man wiedergibt, was jemand verlangt oder erbeten hat | Indirekte Rede in der Vergangenheit: Aussagesätze und Fragesätze, die sich auf etwas Früheres oder Zukünftiges beziehen<br>Zeitenfolge<br>Der Imperativ in der indirekten Rede |
| **2**<br>**Eu é que não tive culpa!**<br>Ein Autounfall | Wie man seine Unschuld beteuert<br>Wie man sich über einen Unfall auseinandersetzt<br>Wie man Zeugen anspricht<br>Wie man zu einer Einigung kommt | Wiederholung des *perfeito* und *imperfeito do indicativo* |
| **3**<br>**Eu não consinto que pegues no carro!**<br>Familienkonflikt um den Unfall | Wie man Verbote, Verwunderung, Zweifel und Befürchtungen ausdrückt<br>Wie man Hoffnungen, Wünsche und Befürchtungen im Hinblick auf ein früheres Geschehen ausdrückt | Wiederholung und Erweiterung des *presente do conjuntivo* im Nebensatz<br>*Pretérito perfeito do conjuntivo* |

| | |
|---|---|
| **T** As classes automóveis | Das ständige Staunen in der Autowerkstatt |

Quando ouve a palavra «carro», em que é que pensa?

**Actividade 1** Eu penso logo no estacionamento!

Faça uma lista de tudo o que lhe vem à cabeça, relacionado com o carro, e depois compare-a com a lista do seu colega.

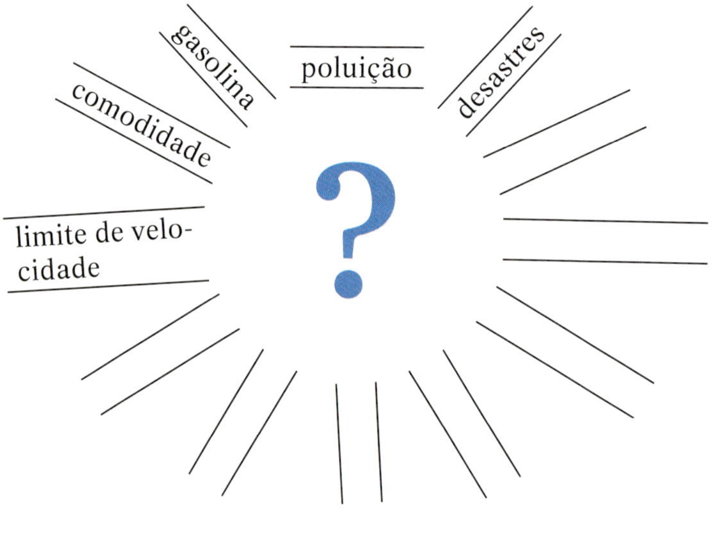

**Actividade 2** Indo para o trabalho

A Sílvia e o Renato normalmente vão juntos para o trabalho, mas não trabalham juntos. Ouçamos o que eles dizem antes de sair de casa.

Depois de ouvirem a cassete pela segunda vez, escrevam o que é que eles dizem precisamente:

Eles não dizem: … «temos que pôr gasolina no carro».
Eles dizem que têm que meter gasolina no carro.

Ele não diz: … «eu deixo-te naquele posto de gasolina»

Ele diz que ______________________________.

Ela não pergunta: «Estás com dinheiro que chegue?»

Ela pergunta se ele ______________________________.

Ele não diz: … «tenho cheques»

Ele diz que ______________________________.

| | | |
|---|---|---|
| Eles dizem | que | têm que meter gasolina no carro. |
| O Renato diz | | a deixa na bomba de gasolina. |
| Ela pergunta | se | ele está com dinheiro suficiente. |

**Actividade 3** O que é que eles disseram?

Leiam outra vez as frases que escreveram em cima, mas agora respondam à pergunta: «O que é que eles disseram?»

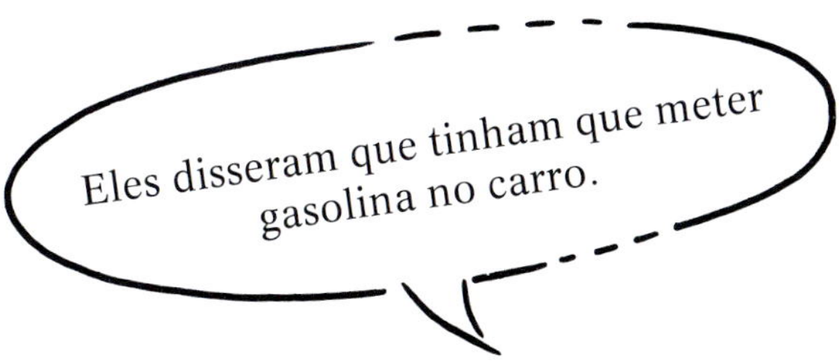

**Sie haben gelernt,**

- **wie man wiedergibt, was jemand gerade sagt.**
- **wie man wiedergibt, was jemand gesagt hat.**

**Actividade 4** Mas ... onde está a minha carteira?

Vamos ouvir agora o que dizem a Marta e a Teresa, a caminho do trabalho. Antes, porém, procurem estas palavras que ainda não conhecem:

(estava a ver que, a carteira, o bilhete de identidade, que chatice!)

**Actividade 5**

Depois de ouvirem uma ou duas vezes a cassete, vejam o que está certo ou errado nas seguintes frases:

| | certo | errado |
|---|---|---|
| Uma das duas não conseguiu sair do autocarro. | ☐ | ☐ |
| A viagem foi muito desconfortável. | ☐ | ☐ |
| A amiga pensa que ela deixou a carteira em casa. | ☐ | ☐ |
| A Marta não sabe onde viu a carteira, pela última vez. | ☐ | ☐ |
| A carteira foi roubada na rua. | ☐ | ☐ |

## 1 Foi mais um roubo

Mais tarde, a Teresa conta aos amigos o que aconteceu:

Hoje, quando saímos do autocarro, a Marta quis comprar um journal e quando foi a pagar, não encontrou a carteira. Então, perguntou muito alto onde é que estava a carteira dela. Procurámos tudo, mas nada. Eu ainda disse que, se calhar, ela tinha-a deixado em casa, mas ela assegurou-me que, no autocarro, tinha pegado nela e metido no bolso do casaco.
Foi, de certeza, mais um daqueles roubos diários a que estamos acostumados ...

| | | |
|---|---|---|
| Ela perguntou | onde | estava a carteira. |
| Eu ainda disse | que, | se calhar, ela tinha-a deixado em casa. |
| Mas ela respondeu | | no autocarro, tinha pegado nela.<br>no futuro teria que ter mais cuidado. |

**Actividade 6** O que é que eles disseram? O que é que perguntaram?

Contem um ao outro:

| | |
|---|---|
| Temos que meter gasolina no carro. | Eles disseram que ________________ |
| Eu deixo-te na bomba de gasolina, antes da escola. | ________________ |
| Onde está a minha carteira? | ________________ |
| Se calhar, deixaste-a em casa! | ________________ |
| Eu meti a carteira no bolso do meu casaco. | ________________ |
| Estás com dinheiro? | ________________ |
| Ontem roubaram-me a carteira. | ________________ |
| Tenho que ir de autocarro? | ________________ |
| Hoje não poderei levar-te. | ________________ |
| Nesse caso, irei a pé. | ________________ |

**Actividade 7** O polícia disse para ela se sentar.

A Marta apresentou queixa na esquadra da polícia, onde se passou a seguinte cena:

Polícia:
«Sente-se, faz favor!
Dê-me o seu bilhete de identidade!
Preencha este formulário, se faz favor.
Em que dia e hora aconteceu o roubo?
Qual é o número do autocarro?
Em que paragem saiu?
Conte exactamente como foi.
Estava sozinha?
A sua colega notou alguma coisa?
Já tinha sido roubada no mesmo autocarro?»

**Sie haben gelernt,**

- **wie man wiedergibt, was jemand im Hinblick auf frühere oder künftige Ereignisse gesagt hat.**

O polícia escrevia à máquina tudo o que a Marta contava. No final, disse-lhe:

«Leia o relatório e diga se está de acordo com o que escrevi. Depois, assine no fim.»

Agora, dois a dois, contem um ao outro tudo o que o polícia disse, perguntou, mandou ou pediu à Marta para ela fazer.

Primeiro, ele disse para ela se sentar.

ou

Primeiro, ele disse que se sentasse.

Depois, pediu-lhe …
E disse-lhe …
Em seguida, perguntou-lhe …
Disse-lhe ainda, …
Perguntou …
Finalmente disse-lhe …

**Sie haben gelernt,**

- **wie man wiedergibt, was jemand verlangt oder erbeten hat.**

## 2 Eu é que não tive culpa

□ Então, o senhor avança assim, sem mais nem menos?!
Não viu que eu estava parada?
■ Como posso adivinhar que a senhora vai parar diante de um sinal que não está vermelho!
□ Mas também não está verde ... Os semáforos estão simplesmente avariados!
E logo num cruzamento ... Eu tive mesmo que parar!
■ Bem, isso é que eu não vi, por causa do sol.
□ Pois é, eu é que não tive culpa! E ainda por cima, o carro nem é meu ...
Pode-me mostrar os seus documentos, faz favor?
Aqui estão os meus.
■ Esta é a carta de condução e a carta verde.
□ Onde é que o senhor tem o seguro?
■ Na Mundial Confiança.
□ Um momento, faz favor. Os senhores viram o acidente, não viram?
Não se importam de ser minhas testemunhas?
■ Se tem que ser ...
□ Então, por favor escrevam aqui a vossa morada.
Pois é, está a ver? O pára-choques traseiro ficou amachucado e o porta-bagagens tem uma grande amolgadela.
■ Não se preocupe, eu comunico isso para o meu seguro.
Ainda bem que não lhe aconteceu nada! O pior foi o susto.
□ Ah! isso acontece ...
Olhe, eu tenho aqui uma Declaração Amigável de Acidente Automóvel, se está com tempo agora, podíamos preencher já.
■ Sim senhora. Vamos alí ao café?

Eu é que não tive a culpa!
E ainda por cima, o carro nem é meu ...

| | |
|---|---|
| Os senhores não se importam de<br>Poderiam | ser minhas testemunhas? |
| Ainda bem que<br>Graças a Deus que | não lhe aconteceu nada! |
| O pior foi o susto. | Isso acontece ... |

# DECLARAÇÃO AMIGÁVEL DE ACIDENTE AUTOMÓVEL

Não constitui reconhecimento de responsabilidade, mas a constatação dos factos e a identificação dos intervenientes, com vista a maior rapidez na regularização do sinistro

**Deve OBRIGATORIAMENTE ser assinada pelos DOIS condutores**

| | | |
|---|---|---|
| 1. **DATA** do acidente — Hora | 2. **LOCAL** (Estrada / rua, localidade e concelho) | 3. Houve **FERIDOS,** mesmo ligeiros? NAO ☐ SIM ☐ * |
| 4. Houve **DANOS MATERIAIS** além dos causados aos veículos A e B? NAO ☐ SIM ☐ * | 5. **TESTEMUNHAS** Nomes, moradas e telefones. Indicar se são passageiros dos veículos A ou B | |

## VEÍCULO ● A

**6. SEGURADO** (ver documento de seguro)

**Apelidos** (maiúsculas) ____________

**10. INDICAR POR MEIO DE SETA (→) O PONTO DE EMBATE INICIAL**

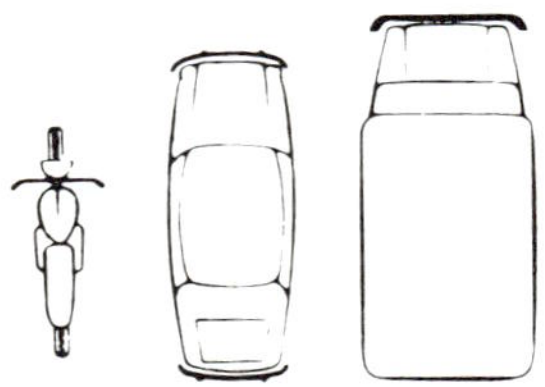

**11. DANOS VISÍVEIS**

____________

**14. OBSERVAÇÕES** ____________

## 12. CIRCUNSTÂNCIAS DO ACIDENTE

Marcar com uma cruz (X) no respectivo quadrado as circunstâncias aplicáveis a cada veículo para melhor compreensão do esquema do acidente.

## 13. ESQUEMA DO ACIDENTE

**Indicar: 1. O traçado das vias. – 2. Direcção (por meio de setas) dos veiculos A e B. – 3. Sua posição no momento do embate. – 4. Sinais de trânsito. – 5. Nome das ruas ou estradas.**

## 15. ASSINATURAS DOS CONDUTORES

**A** **B**

## VEÍCULO ● B

**6. SEGURADO** (ver documento de seguro)

**Apelidos** (maiúsculas) ____________

**10. INDICAR POR MEIO DE SETA (→) O PONTO DE EMBATE INICIAL**

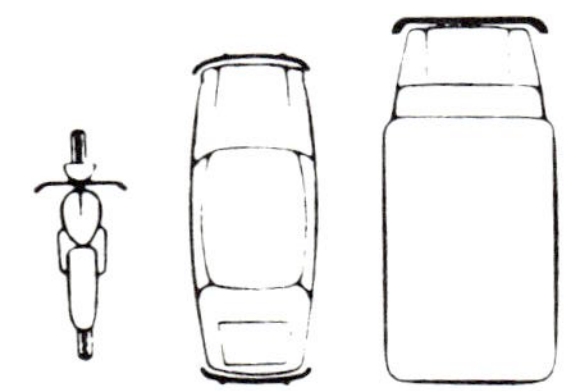

**11. DANOS VISÍVEIS**

____________

**14. OBSERVAÇÕES** ____________

* Em caso de ferimentos ou de danos materiais além dos relativos aos veículos A e B, facultar as indicações convenientes: nomes moradas, etc....

Não alterar em nada esta declaração depois de assinada pelos 2 condutores e de separados os respectivos exemplares.

**Ver participação do segurado no verso**

**Actividade 8**

Depois de ouvirem a cassete, formem grupos e tentem fazer o esquema do acidente, nesta parte da «Declaração amigável de acidente automóvel» que reproduzimos. Comparem a vossa folha com a dos outros grupos.
O condutor tem o veículo B.

Ouçamos novamente a cassete para controlar os resultados.

**Actividade 9**

Vamos ouvir mais uma vez a cassete. Como podem completar as seguintes frases?

□ Então, o senhor avança assim ______________________________?

Não viu ______________________________?

■ ______________________________ que a senhora vai parar diante de um sinal que não está vermelho!

□ Mas também não está verde!

Os semáforos estão ______________________________.

E ______________________________...

Eu ______________________________.

■ Isso é que eu não vi, por causa do sol.

□ Pois é, eu ______________________________.

E ______________________________, o carro nem é meu...

Pode-me mostrar os seus papéis, por favor?
Aqui estão os meus.

■ Esta é ______________________ e a ______________________.

□ Onde é que o senhor ______________________________?

■ Na Mundial Confiança.
□ Um momento, faz favor.
Os senhores viram o acidente, não viram?

Não ______________________ de ser ______________________?

▲ Se tem que ser...

□ Então, por favor, ______________________________________________.
Pois é, está a ver? O pára-choques traseiro está amachucado e o porta-bagagens tem uma grande amolgadela.

■ ______________________________, eu comunico isso para o meu seguro.
__________________ que não lhe aconteceu nada! __________________.

□ Ah! ____________________________________________________________.
Olhe, eu tenho aqui uma Declaração Amigável de Acidente Automóvel, se
__________________________, podíamos __________________________

■ ______________________________. ______________________________?

**Actividade 10** Quem teve a culpa?

Consultem agora o esquema que fizeram do acidente.

1. Imaginem que dois de vocês foram testemunhas do acidente. Contem um ao outro onde estavam, mostrando no esquema o que viram e ouviram.

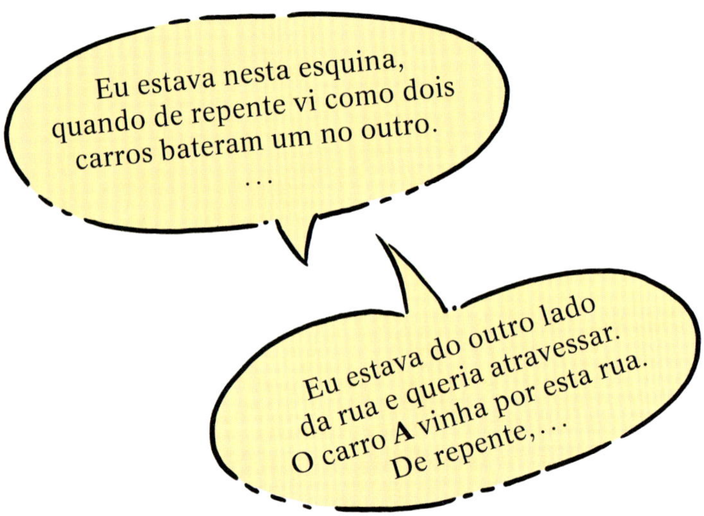


2. Agora identifiquem-se com os condutores dos veículos **A** e **B** e representem a cena do embate.

**Actividade 11** Apanhei um grande susto!

Perguntem no vosso grupo quem já teve um acidente, quando e como foi.

**Actividade 12** O que é que eles disseram?

Ao longo destas sete unidades ouvimos várias entrevistas. Seguem-se extractos de algumas delas. Escolha três destas falas e conte à sua colega o que é que ele ou ela disse. Pergunte-lhe se se lembra de quem falou, ou se, pelo menos, se lembra do tema.

O salário mínimo no momento é trinta e cinco contos e o aluguer de uma casa é trinta.

O que é que ele ou ela disse?

Ela disse que o salário mínimo naquela altura era trinta e cinco contos e o aluguer de uma casa era trinta.

Quem disse isto, lembras-te?

Continuem ...

Os balconistas todos ganham o mínimo. — Ela disse que ______________________

Nós somos dez lá em casa. — ______________________

Eu ando a fazer o nono à noite. — ______________________

Eu moro no Rio de Janeiro, no bairro do Flamengo. — Ela disse que ______________________

O que eu mais gosto no meu bairro, é de encontrar os meus amigos toda a sexta-feira. — ______________________

Eu tenho um quintal nas traseiras da casa. — Ela disse que ______________________

| | |
|---|---|
| Isto era uma oficina aberta de tamancaria. | Ele disse que ______________ |
| Eu não pago imposto, porque sou reformado. | ______________ |
| Eu não terei a quem deixar a minha profissão, porque vou abandonar isto. | ______________ |
| Não dá, não dá. Não dá pra ninguém se chatear com isto. | ______________ |
| Aquilo que eles fizeram na Ribeira, nós não queremos aqui. | Ela disse que ______________ |
| E ainda por cima, o carro nem é meu! | Ela disse que ______________ |
| Os senhores viram o acidente? | Ela perguntou ______________ |
| Não se importam de ser minhas testemunhas? | ______________ |
| Ainda bem que não aconteceu nada! | Ele disse que ______________ |

**Sie haben gelernt,**

- wie man seine Unschuld beteuert.
- wie man sich über einen Unfall auseinandersetzt.
- wie man Zeugen anspricht.
- wie man zu einer Einigung kommt.

## 3 Eu não consinto que pegues no carro!

□ Pai, eu tenho que te dizer uma coisa.
Acabo de deixar o carro na oficina.
■ Na oficina? O que é que aconteceu?
Tiveste um acidente?
□ Foi um tipo que veio contra mim, pai!
Não tive culpa nenhuma ...
Eu só peguei no carro para ir aos correios.
■ Quantas vezes eu já te disse que não consinto que pegues no carro, sem mais nem menos?
□ Ai, é? E sabes quanto pesa a encomenda que me mandaste buscar?
■ Eu não acredito que tudo isto aconteça, nas minhas costas!
Só espero que não tenhas deixado o tipo escapar.
□ Claro que não. Nós até fizemos juntos
a declaração para o seguro.
■ Não me digas!
□ Qual é o problema?
■ Tenho medo que ele te tenha enganado, nalguma coisa.
□ Pai, eu não sou criança! Eu mostro-te a cópia da declaração.
■ E onde está o carro agora?
□ Na oficina, já te disse.
■ Oxalá tenhas ido a uma oficina decente.
□ Fui ao Júlio, que é onde a gente sempre vai ...
■ Podias, pelo menos, ter-me mostrado o carro! Não achas?
□ Tinhas tido um ataque!

| | | | |
|---|---|---|---|
| Eu (não) | consinto<br>admito | que | pegues no carro.<br>fales assim comigo. |
| Eu não | acredito | | tudo isto aconteça, nas minhas costas. |
| | Espero<br>Tenho medo<br>Receio | que | não tenhas deixado o tipo escapar.<br>ele te tenha enganado. |
| | Não me digas! | | Qual é o problema? |

**Actividade 13**

A Helena tem carta de condução, tirada há pouco tempo, mas ainda não tem carro. De vez em quando, pega no carro do pai, sem ele saber. Ele fica furioso, porque não só tem medo de ficar com o carro estragado, como não gosta de ver a filha fora de casa até às tantas da noite.
Agora que vocês conhecem a situação, como podem continuar estas frases? Inspirem-se nas palavras abaixo indicadas:

1. Normalmente ele não consente que a filha ...
2. Ele tem medo que ela ...
3. Ela já quis falar sobre este problema com ele, mas ele nem sequer admite que ela ...
4. Ele espera que ela ...

pegar no carro
dizer-lhe sempre para que quer o carro
acontecer-lhe alguma coisa
estragar o carro
vir tarde para casa
ter um acidente
discutir o assunto
habituar-se a viver em bares

**Sie haben gelernt,**

- **wie man Verbote, Verwunderung, Zweifel und Befürchtungen ausdrückt.**

**Actividade 14**

1. Imaginem esta situação: A Célia e o Miguel partem para férias. Cada um fez uma lista daquilo que o outro pode preparar melhor para a viagem. Leiam cuidadosamente as listas e trabalhem dois a dois. Identifiquem-se com a Célia e o Miguel e digam um ao outro o que é que têm de fazer antes de viajar. Comecem as frases com as expressões: Eu preciso que tu ..., espero que ..., não te esqueças de ..., é preciso ..., seria melhor ...

| A lista da Célia para o Miguel | A lista do Miguel para a Célia |
|---|---|
| – lavandaria/buscar blusa | – pais/pedir máquina fotográfica |
| – correio/cartas | – vizinha/plantas |
| – carro/gasolina<br>controlar óleo/pneus | – seguro de viagem |
| – banco/euro-cheques | – guia de Portugal |
| – farmácia/remédio/diarreia | – bebidas/viagem |

2. Um dia antes de partir, a Célia e o Miguel lêem novamente a lista que fizeram, e cada um no seu lugar de trabalho deseja chegar a casa e encontrar tudo pronto. Quais são os seus desejos e esperanças ao ler as listas?

| Célia | Miguel |
|---|---|
| Espero que ele tenha ido à lavandaria buscar a minha blusa. | Oxalá ela tenha ... |

Continuem ...

Deus queira que ele ...

**Sie haben gelernt,**

- **wie man Hoffnungen, Wünsche und Befürchtungen in Hinblick auf ein früheres Geschehen ausdrückt.**

**Actividade 15** Ele teve um ataque de fúria!

Preencham com as formas verbais certas.

Ontem, quando o pai da Helena se preparava para ir à garagem buscar o carro, disseram-lhe que o carro estava na oficina. Primeiro, ele não acreditou que ____________________ (ser) verdade, porque ele não deixava que ninguém naquela casa ____________________ (pegar em) carro, sem a sua autorização. Ele não esperava que a filha ______________ (fazer) uma coisa dessas! Depois, teve medo que ela ______________ (estar) ferida. Mas quando a ______________ (ver), radiosa como sempre, ______________ (ter) um ataque de fúria. A Helena não ______________ (importar-se). Explicou-lhe que ______________ (ir) ao correio para lhe fazer um favor e que não ______________ (ter) culpa no acidente. Além disso, pediu-lhe que ______________ (ter) mais confiança nela, no futuro.

**Actividade 16** No princípio fiquei maluco!

Conversem em grupo sobre os seguintes pontos:

1. Como acha que os seus conterrâneos conduzem na cidade? E na auto-estrada?
   Procurem ajuda nas seguintes palavras:

2. Compare a maneira como eles conduzem, com o que conhece noutros países por onde tem passado.

**Actividade 17**

Continuando a trabalhar em grupo, conversem agora sobre os seguintes temas:

**1.** O que significa o carro para si?

Eu não posso passar sem o carro, porque ...

Para mim, o carro é o único luxo que eu tenho.

No fundo, não me interesso por carros. Não me importo se ele é bonito ou feio ... Para mim o carro é apenas ...

**2.** Que valor tem o carro na sua sociedade?

**3.** Na sua opinião, em que medida é que o carro destruiu parte da qualidade de vida nas cidades?

Bem, dantes as cidades não eram tão ...

Havia mais ...

**4.** O que teria de acontecer para a gente deixar o carro em casa e usar os transportes públicos?

Para a gente deixar o carro em casa, era preciso que a gasolina fosse ainda muito mais cara ...

Era preciso que ...

## T As classes automóveis

«Aqui em Portugal, as duas classes profissionais mais curiosas são os *motoristas de taxi* e os *mecânicos de automóveis*» diz o jornalista Miguel Esteves Cardoso.
Vamos ler o que ele diz sobre os *mecânicos de automóveis:*

(...) Telefona-se para uma oficina para marcar uma hora ... Eles dizem «Traga o carro que a gente vê isso». Chega-se lá ... Descreve-se a avaria. Eles interrompem imediatamente, porque não suportam que alguém lhes fale de mecânica: «Isto pode ser muita coisa, ó chefe – ponha-o lá a trabalhar, que eu só de ouvir cantar já lhe digo.»

Põe-se o carro a trabalhar. Passados escassos milésimos de segundo, o especialista manda desligar. Espera-se o diagnóstico. Tipicamente, vira as costas e vai lá para dentro mexer numa lata cheia de parafusos e fusíveis. Não volta. Vai-se lá dentro ter com ele, com toda a humildade protocolar ... «Então? Já sabe o que é» (...) Diz ele: «Não, isso aí há qualquer coisa ...».

Este «Não» é precioso. Nós fazemos sempre a figura de quem pretende convencê-lo que o automóvel está impecável.

(...) «Não, não, – diz o perito com a precisão técnica que esperamos dele, – isso aí há qualquer coisa que não está bem ...». Ai de quem tiver a ousadia de querer saber mais pormenores.

«Mas é do motor, ou da transmissão, ou da suspensão?», pergunta-se. «Só vendo ...».

Os mecânicos não gostam de ver *nada* na presença dos donos dos automóveis ...

Os mecânicos portugueses comportam-se como os mais sacrificados burocratas. (...) A expressão irritante que usam é «pegar no carro». Se temos um carro novo, dizem: «Não gosto de pegar em carros novos, porque eles saem da fábrica cheios de defeitos e a gente vai mexer neles e nunca mais acaba ... Depois o cliente não fica satisfeito, reclama e nós é que ficamos mal vistos ... não é?». E se tivermos um carro velho, dizem exactamente a mesma coisa. A verdade é que os mecânicos portugueses *não gostam de pegar em carros*. Velhos ou novos. Bons ou maus. Não lhes «compensa». Eles é que ficam sempre mal vistos. É por isso que eles avisam logo, quando perguntamos se o carro vai ficar bom: «Isto ficar bom-bom nunca fica ... só desmontando e metendo tudo novo ... mas dá para ir andando ...».

Extractos de «As classes automóveis» do livro «Os meus problemas» de Miguel Esteves Cardoso (Lisboa, Assírio e Alvim, 1988)

**Actividade 18**

1. Depois de dividida a classe em dois grupos, um dos grupos lê a primeira parte do texto até «só vendo ...» e o outro grupo lê a segunda parte do texto até ao fim.
   Cada um procura entender o que lê, consultando para isso o vocabulário e os colegas de grupo.

   Depois procura um colega do segundo grupo e conta-lhe o que leu, sem ter o texto à frente. O colega ouve e conta-lhe a sua parte. Possivelmente a orientadora vai pedir a dois ou três participantes para contarem a sua parte, em voz alta.

   Estes dois colegas que se encontraram lêem agora o texto um ao outro e ajudam-se, se houver alguma dificuldade de compreensão.

2. Finalmente os dois representam a cena na oficina. Um representa o papel do cliente, o outro o do mecânico.

## Unidade 8

| Thema/Situation | Lernziele | Grammatik |
|---|---|---|
| **1, A 4**<br>**Os primeiros transportes públicos causaram pânico em Lisboa**<br>Die Lissaboner und die ersten öffentlichen Verkehrsmittel | Wie man aus Textelementen Informationen zum Thema Verkehr entnimmt und sich darüber austauscht | Wiederholung der indirekten Rede<br>Wiederholung des Passivs<br>Übersicht über die Relativpronomina |
| **2**<br>**Portugal precisa de andar muito para ter rede de «metro» europeia**<br>Die öffentlichen Verkehrsmittel Portugals im europäischen Vergleich | Wie man zu vorgegebenen Informationen über das Thema Verkehr Vermutungen anstellt und diese austauscht | Wiederholung des *futuro do indicativo* und des *futuro do conjuntivo* |
| **3**<br>**A caminho do século XXI**<br>Die Zukunft der Eisenbahn in Europa | Wie man aus einem Text Informationen über künftige Bahnverbindungen entnimmt und Schlußfolgerungen zieht sowie Vermutungen dazu anstellt | |
| **4**<br>**O rio da minha «aldeia»**<br>Der Tejo früher und heute | Wie man aus einem Text Informationen über den Fluß Tejo entnimmt und diese austauscht | Gebrauch von *tão* und *tanto* |
| **5**<br>**O Tejo é mais belo que o rio que corre pela minha aldeia**<br>Ein Gedicht von Fernando Pessoa | Wie man kreativ mit dichterischer Sprache umgeht | |
| **A 16–18**<br>**Pobres rios**<br>**6**<br>**Mar negro**<br>Verschmutzung der Flüsse und des Meeres | Wie man aus Texten über Umweltverschmutzung Problemzusammenhänge entnimmt und sich darüber austauscht sowie Vergleiche mit ähnlichen Problemen im eigenen Land anstellt | |
| **A 19**<br>**Para que todos saibam**<br>Zehn Umweltgebote | Wie man Umweltgebote formuliert | Wiederholung des *imperativo* |

**1** Este é o título e o sub-título de um artigo publicado na revista «Gente» (3/1/90)

# OS PRIMEIROS TRANSPORTES PÚBLICOS Causaram pânico em Lisboa

**Em 31 de Agosto de 1901, os transportes colectivos de Lisboa entram numa nova era, com a inauguração do sistema de tracção eléctrica.**
No mesmo dia, era lançada a ponte metálica do elevador de Santa Justa. Os lisboetas assistiam, alarmados, a estas inovações. Para alguns, a tracção eléctrica «faria descer sobre a cidade todas as maldições do céu. As trovoadas seriam atraidas pelos cabos aéreos, os pardais seriam electrocutados pelos fios e, mesmo as pessoas, deveriam ter o máximo cuidado ao aproximarem-se dos carris».

**Actividade 1**

Mesmo sem ter lido o artigo, sabem do que é que ele fala? Procure no seu grupo reunir o máximo de informação.

O artigo fala de certeza da inauguração dos ...

**Actividade 2**

**1.** Formem frases, ligando os elementos da esquerda com os da direita:

| | |
|---|---|
| A tracção eléctrica | é muito perigosa. |
| As pessoas | atraem as trovoadas e matam os pardais. |
| Os cabos aéreos | não devem pisar nos carris. |
| | faz descer sobre a cidade muita maldição. |

**2.** Com estas frases, como podem continuar as frases seguintes?

No dia da inauguração dos eléctricos os Lisboetas estavam alarmados.

Eles pensavam que a tracção eléctrica ...
e que ...

Eles pensavam que as pessoas ...

Eles pensavam que os cabos aéreos ...

**Actividade 3** Em 1901 foram inaugurados os eléctricos.

Como podem preencher o seguinte texto?

Os eléctricos ________ ________ em Lisboa em 31 de Agosto de 1901. (inaugurar)
No mesmo dia ________ ________ a ponte metálica do elevador de Santa Justa. (lançar)
Os lisboetas ficaram em pânico. Eles pensavam que as trovoadas ________ ________ pelos cabos metálicos (atrair) e que os pardais ________ ________ pelos fios. (electrocutar)

**Actividade 4**

Preencham as lacunas com pronomes relativos.

31 de Agosto de 1901 é a data ______ ______ foram inaugurados os eléctricos em Lisboa. É o mesmo dia ______ ______ foi lançada a ponte metálica do elevador de Santa Justa. Os lisboetas, ______ ______ os eléctricos significavam um perigo, ficaram muito alarmados. Eles acreditavam que os pardais, ______ contacto com os fios era inevitável, morreriam electrocutados. E que até mesmo as pessoas ______ se aproximassem dos carris tinham que ter muito cuidado.

**Sie haben gelernt,**

- **wie man aus Textelementen Informationen zum Thema Verkehr entnimmt und sich darüber austauscht.**

## 2

# Portugal precisa de andar muito para ter rede de «metro» europeia

**João Garcia**

SÓ O METRO de Tóquio transporta mais passageiros por carruagem que o metropolitano de Lisboa: na Europa, não há autocarros com «produtividade» que se compare aos da Carris ou da Rodoviária. Em resumo, ninguém é pior transportado que o lisboeta.

Exagero? Nos suburbanos da CP da Linha de Sintra andam, nas horas de ponta, sete passageiros por metro quadrado, enquanto os padrões europeus apontam para quatro.

EXPRESSO, SÁBADO 21 DE OUTUBRO 1989

*Uma viagem de comboio entre Sintra e Lisboa, à hora de ponta, não cabe em nenhum conceito de viagem. Pesadelo – é um termo mais exacto.*

*Diário 24/2/90*

**Passageiros por carruagem metro**

| LISBOA | PARIS | MADRID | HAMBURGO | LONDRES |
|---|---|---|---|---|
| 61 | 29 | 23 | 19 | 12 |

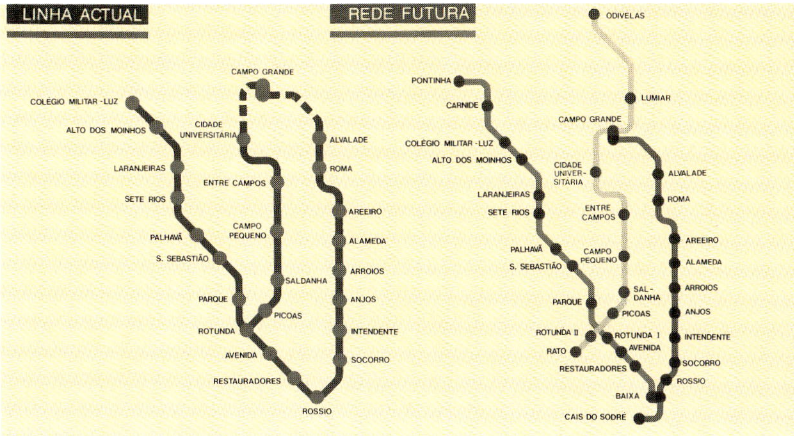


METROPOLITANO DE LISBOA

Onde sem dúvida se nota a maior diferença entre o actual metropolitano de Lisboa e a maior parte dos europeus é justamente na extensão. Lisboa tem uma das redes mais pequenas do continente.

Diário de Notícias
25/6/90

**Actividade 5** Sabe o que é a Carris?

A Carris é a companhia de eléctricos e autocarros que circulam dentro das cidades.
A Rodoviária é a companhia de autocarros e camionetas que ...

A CP é ...

**Actividade 6** Um pesadelo com ida e volta.

Nos recortes de jornal que acabaram de ler aparecem frases como «ninguém é pior transportado que o lisboeta» ou a palavra «pesadelo», para definir uma viagem entre Sintra e Lisboa na hora de ponta.
Porque é que é assim? Reunam-se em grupos e troquem as vossas opiniões. No final, cada grupo apresenta-as, através de um porta-voz.

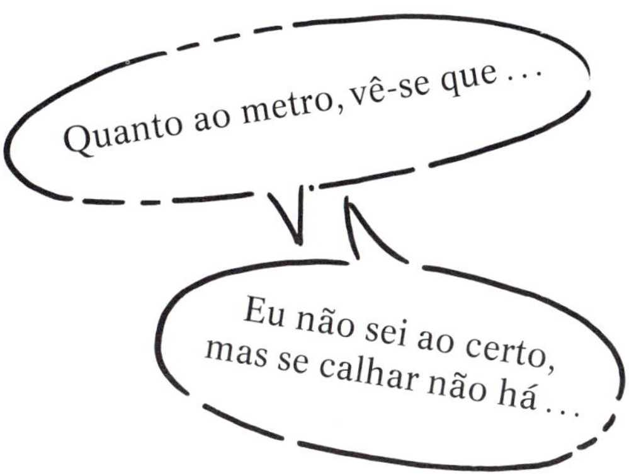


**Sie haben gelernt,**

- **wie man zu vorgegebenen Informationen über das Thema Verkehr Vermutungen anstellt und diese austauscht.**

**Actividade 7** A rede do metro vai ser alargada.

Juntamente com uma colega compare a rede actual do metropolitano de Lisboa com a rede futura que já está em construcção.
Donde e até onde vão as três linhas, nos dois casos?
Acha que o metro vai aumentar muito?
Comparem depois este metropolitano com o da sua cidade.

No futuro, a rede do metro em Lisboa irá de ... até ...

O metro terá apenas mais ...

**Actividade 8** A hora de ponta ... «como sardinha em lata».

Ouçamos agora o que a Joana diz sobre os transportes colectivos em Portugal.

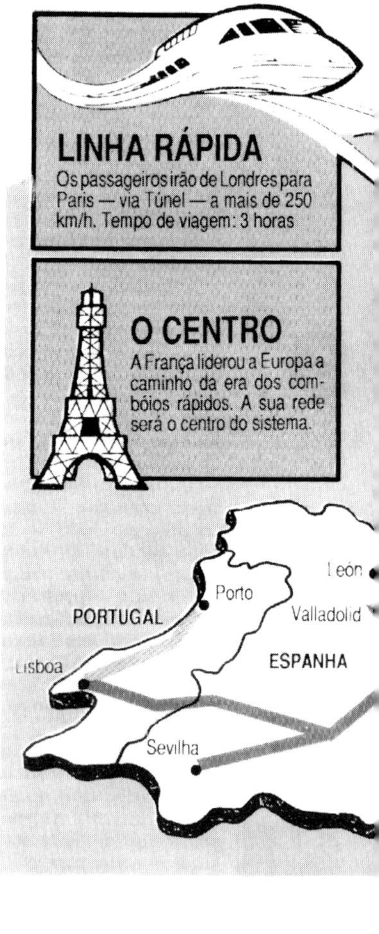


**Actividade 9**

Formem grupos e ouçam mais uma vez a cassete. O que é que a Joana diz sobre os cinco pontos abaixo indicados? Cada um anota o que acha importante e depois troca informações dentro do seu grupo. No fim, cada grupo fala sobre um destes pontos:

1. Os transportes colectivos em Portugal são empresas estatais ou privadas?
2. O que é que ela diz sobre as greves de transporte?
3. Como é que se explica que, apesar de haver tantas greves, há sempre autocarros a circular?
4. Os portugueses estão contentes com os seus serviços de transportes colectivos?
5. «A hora de ponta é a hora de viajar como sardinha em lata». Ela compara esta situação em Lisboa com a hora de ponta na Alemanha. O que é que ela diz?

# 3 A caminho do séc. XXI

Embora muitos futuros passageiros não se tenham ainda apercebido disso, a Europa encontra-se no limiar de uma revolução nos transportes, ...

Durante a próxima década, a duração das viagens entre as principais cidades europeias vai reduzir-se drasticamente. Os passageiros dos comboios de alta velocidade que vão utilizar o novo túnel sob o Canal da Mancha, farão a viagem de Londres a Paris em três horas, quando actualmente demoram cinco. Bruxelas, a capital da Comunidade Europeia, ficará praticamente transformada num subúrbio de Paris, apenas com oitenta minutos a separá-las. Entre Londres e Colónia, a viagem demorará pouco mais de quatro horas; Barcelona estará a cinco horas de Paris.

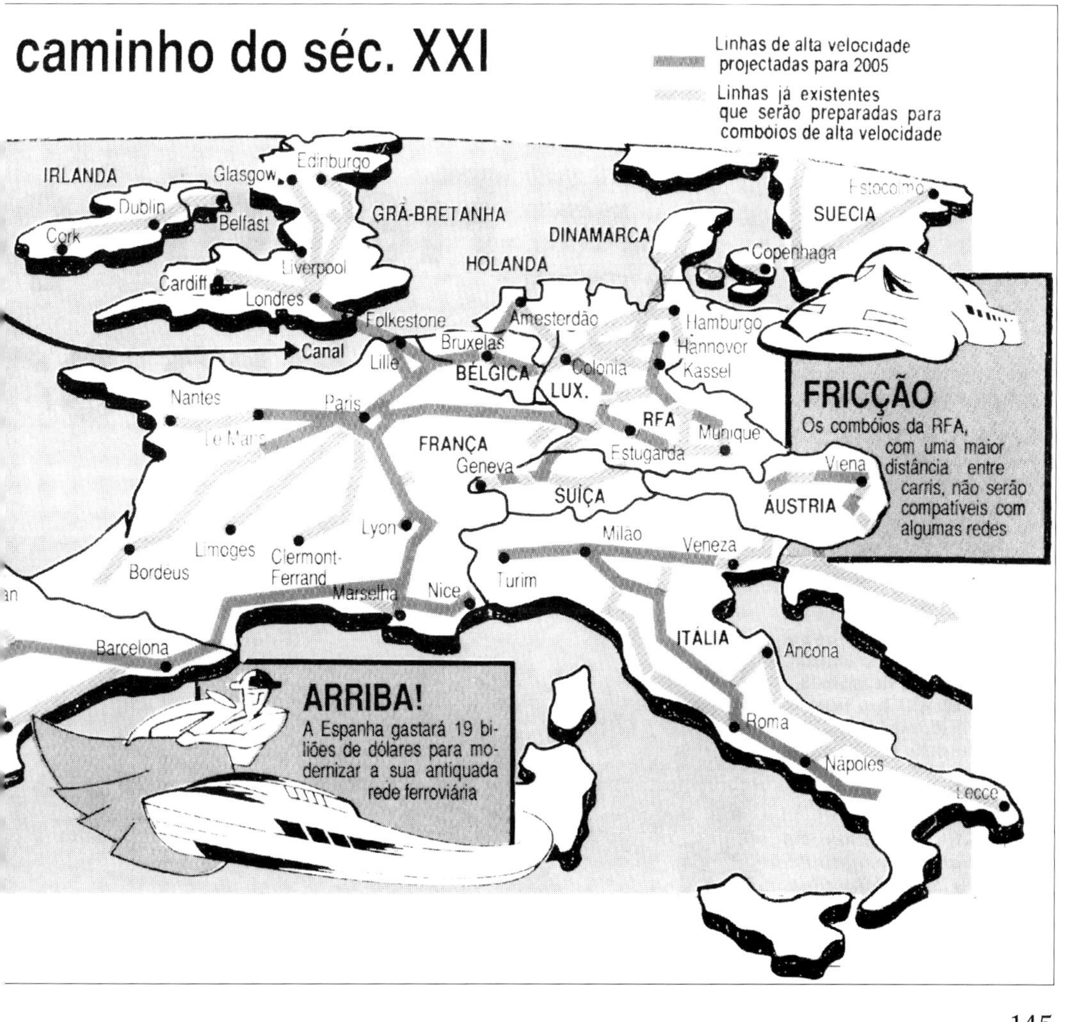

## A questão ambiental

Embora a rede de supercomboios já exista no papel, há ainda um longo caminho a percorrer até poder entrar em serviço.

A maioria das novas linhas terão que atravessar as áreas mais densamente povoadas do continente. No Norte da Europa, os ecologistas combatem a cada passo os projectistas ferroviários. O mesmo fazem os proprietários em zonas como o Kent, na área rural do Sul da Inglaterra, que não querem ver as mansões e paisagem tranquila perturbada pelo troar de mais cavalos de ferro.

EXPRESSO, SÁBADO 21 DE OUTUBRO 1989

Até lá, e no que diz respeito a Portugal, há apenas uma certeza: Lisboa e Porto serão servidos por TGV, com ligação ao resto da Europa por uma travessia central e passagem por Madrid.

Ambas as cidades portuguesas ficariam assim a três horas e meia da capital espanhola, ficando Lisboa e Porto igualmente ligadas entre si por tão rápido meio.

EXPRESSO, SÁBADO 28 DE DEZEMBRO DE 1989

Os passageiros do TGV **farão** a viagem de Londres a Paris em três horas.

Bruxelas **ficará** transformada num subúrbio de Paris.

Entre Londres e Colónia, a viagem **demorará** pouco mais de quatro horas.

**Actividade 10** A caminho do séc. XXI

Leiam primeiro o texto no. 3. Depois, em trabalho de grupo, procurem escrever as seguintes expressões em itálico de uma outra forma, sem alterar o sentido da frase.

1. *Embora* muitos futuros passageiros ...
2. ... *no limiar* de uma revolução nos transportes.
3. Durante a *próxima década* ...
4. ... a duração das viagens *vai reduzir-se drasticamente*.
5. Entre Londres e Colónia, a viagem *demorará* pouco mais de quatro horas.
6. Os ecologistas *combatem* os projectistas.
7. *Embora* a rede de supercomboios já exista no papel ...

**Actividade 11** No futuro as viagens serão muito mais rápidas.

Observe com o seu colega a rede europeia, actual e futura, dos comboios de alta velocidade (TGV).

Consultem agora o texto e conversem sobre o futuro das viagens de comboio na Europa. Quanto tempo durará, no séc. XXI, uma viagem entre
Londres e Paris?
Bruxelas e Paris?
Londres e Colónia?
Barcelona e Paris?
Lisboa e Madrid?

Que consequências isto tudo trará para
- a aviação?
- os bairros junto dos aeroportos?
- a paisagem?

Uma viagem, entre Bruxelas e Paris, será de ...

Eu penso que a aviação vai perder muitos clientes ...

Talvez não perca ...

**Actividade 12**

Quando tivermos o TGV em toda a Europa, eu vou conhecer tudo o que eu não conheço.

Formem grupos de três e tentem imaginar como será o futuro, quando toda a Europa tiver o TGV. Um de vocês diz uma frase, o segundo continua, começando com o final da frase anterior.

Quando houver o TGV em toda a Europa, o tempo das viagens será muito mais curto.

Quando o tempo das viagens for muito mais curto, …

**Sie haben gelernt,**

- **wie man aus einem Text Informationen über künftige Bahnverbindungen entnimmt und Schlußfolgerungen zieht sowie Vermutungen dazu anstellt.**

O Tejo, um rio dourado

4

## Um rio dourado

Ao Tejo aportaram os fenícios, os celtas (muitos dos quais se fixaram entre este rio e o Guadiana), os gregos, os visigodos, os romanos, os árabes e outros povos.

Escrevia em 1147 o cruzado Osberno, que esteve em Portugal quando da conquista de Lisboa aos mouros: **«Este é um rio que desce as regiões de Toledo, e em cujas margens se encontra oiro, quando no começo da Primavera as águas se recolhem ao leito. Há nele tanta abundância de peixe, que os habitantes acreditam que dois terços da sua corrente são da água e o outro de peixe. É também rico de mariscos e de areia, sendo principalmente de notar que os peixes desta água conservam sempre a sua gordura e sabor natural.**

# O rio da minha «aldeia»

Maria Luiza Rolim

Foi a abundância de sável que a partir de 1919 atraiu os avieiros a fixarem-se nas margens do Tejo, a ponto de eles decidirem repartir a vida entre o rio (no Inverno) e o mar (no Verão), conforme relata Adelaide Neto em **Os Avieiros da Década de 50.**

**«Tínhamos lances de 400 sáveis, hoje não se pesca nem um»**, comenta Adelino Tomás, avieiro de 61 anos.

**«... Hoje o estuário do Tejo é um esgoto enorme ... um mar gigante de problemas, de contradições e, ao mesmo tempo, um exemplo acabado da paciência que a Natureza tem com os nossos abusos ...»**, refere o deputado Herculano Pombo (Os Verdes).

EXPRESSO, SÁBADO 21 DE OUTUBRO 1989

Dantes o rio era **tão** rico
em peixe!
Hoje está **tão** cheio
de problemas!
A poluição atingiu proporções
**tão** grandes!
A natureza é **tão** paciente
connosco!

Havia nele **tanta** abundância
de peixe!
Hoje tem **tantos** problemas!

A poluição é **tanta**!
A natureza tem **tanta** paciência
connosco!

**Actividade 13**

O texto acima fala do rio Tejo e das gentes que viveram nas suas margens.
Trabalhem aos pares:
O que leram sobre as gentes?
Como era o rio há 800 anos?
Como é hoje.

**Actividade 14** Uma poesia de Fernando Pessoa.

1. Cada um procura aprender de cor uma das partes da poesia abaixo numeradas e que o orientador fotocopiou e recortou para si.
Depois, levanta-se e recita a sua parte para três colegas diferentes, tentando, de cada vez, recitar de uma forma diversa (ora alegre, triste, zangada, ...). Também tem que ouvir o que a colega lhe recita. Finalmente, toda a classe tenta colocar os 8 bilhetes na ordem certa. Justifique a ordem escolhida.

① O rio da minha aldeia não faz pensar em nada.
Quem está ao pé dele está só ao pé dele.

② E por isso, porque pertence a menos gente,
É mais livre e maior o rio da minha aldeia.

3 O Tejo é mais belo que o rio que corre pela minha aldeia,
Mas o Tejo não é mais belo que o rio que corre pela minha aldeia
Porque o Tejo não é o rio que corre pela minha aldeia,

④ Mas poucos sabem qual é o rio da minha aldeia
E para onde ele vai
E donde ele vem.

⑤ Pelo Tejo vai-se para o Mundo.
Para além do Tejo há a América
E a fortuna daqueles que a encontram.

⑥ O Tejo desce de Espanha
E o Tejo entra no mar em Portugal.
Toda a gente sabe isso.

⑦ O Tejo tem grandes navios
E navega nele ainda,
Para aqueles que vêem em tudo o que lá não está,
A memória das naus.

⑧ Ninguém nunca pensou no que há para além
Do rio da minha aldeia.

2. Diga ao seu orientador como sentiu estas diferentes formas de recitar a mesma poesia. Comparem os vossos resultados com a poesia original.

**Sie haben gelernt,**

- **wie man kreativ mit dichterischer Sprache umgeht.**

## 5 O Tejo é mais belo que o rio que corre pela minha aldeia

O Tejo é mais belo que o rio que corre pela minha aldeia,
Mas o Tejo não é mais belo que o rio que corre pela minha aldeia
Porque o Tejo não é o rio que corre pela minha aldeia,

O Tejo tem grandes navios
E navega nele ainda,
Para aqueles que vêem em tudo o que lá não está,
A memória das naus.

O Tejo desce de Espanha
E o Tejo entra no mar em Portugal.
Toda a gente sabe isso.
Mas poucos sabem qual é o rio da minha aldeia
E para onde ele vai
E donde ele vem.
E por isso, porque pertence a menos gente,
É mais livre e maior o rio da minha aldeia.

Pelo Tejo vai-se para o Mundo.
Para além do Tejo há a América
E a fortuna daqueles que a encontram.

Ninguém nunca pensou no que há para além
Do rio da minha aldeia.

O rio da minha aldeia não faz pensar em nada.
Quem está ao pé dele está só ao pé dele.

de «Poemas de Alberto Caeiro»

**Actividade 15** Tudo isto?

Leiam e procurem fixar todas estas palavras relacionadas com o rio e a sua poluição.

**Actividade 16**

Preencham o seguinte texto com *tão* e *tanto*, até à frase «Já se pode imaginar como vai ficar este rio!»
Preencham o resto do texto com os verbos necessários, nos tempos certos.
Consultem o dicionário ou o seu colega, se for preciso.

1. Os nossos rios estão __________ poluídos que já começa a ser uma raridade encontrar aquela água cristalina que __________ alegria nos dá.
   As indústrias de celuloses, os têxteis e as químicas são os principais poluidores.
   Esta poluição é __________ maior quanto mais nos aproximamos do litoral, dos grandes centros urbanos e industriais. É o caso da região de Lisboa, da bacia do Ave e da zona de Aveiro.
   No rio Ave a poluição atingiu proporções __________ grandes que os industriais estão a fugir para o vale do Cávado. Já se pode imaginar como vai ficar este rio!

**2.** Os ecologistas __________ de opinião que as velhas e pequenas fábricas instalariam sistemas de despoluição, se o Estado as __________.
Sozinhas, não __________ suportar os custos.
Mas a indústria não __________ o único responsável por esta situação. Também o crescimento urbano sem regras, a falta de infra-estruturas de saneamento básico __________ muito a situação.
No entanto o Tejo continua a __________ provas de que é um grande rio. Apesar da enorme poluição ele ainda __________ depurar as suas águas.

**Actividade 17** Pobres rios!

Trabalhem aos pares. Leiam novamente o texto da actividade 16. Na vossa opinião, porque é que os rios em Portugal estão tão poluídos?

Os rios estão muito poluídos por causa das ...

Além disso, estão a construir imenso, mas ...

A maior parte das fábricas não tem ...

**Pobres rios**

Conversem agora sobre o vosso próprio país.
Há aqui problemas semelhantes?
Há regiões em que esses problemas são maiores que noutras? Na luta contra a poluição, tem-se obtido alguns sucessos, no seu país? Pode dar exemplos?

## 6 Mar negro

Portugal tem o mar. Os estrangeiros têm os navios que navegam nas nossas costas e podem poluir à vontade, porque o País não tem meios para efectuar uma vigilância efectiva.

No mar, nós possuimos uma zona que é, em área, cerca de dez vezes o tamanho de Portugal. É a rota dos superpetroleiros que se dirigem, carregados, para os portos do Norte da Europa e dos navios que transportam para África os resíduos tóxicos que a «civilização» produz mas enjeita.

Que eles navegam nas nossas águas todos sabem. Mas já ninguém sabe quantos são, quando passam e que carga transportam no momento. Por isso os comandantes podem dar-se ao luxo de mandar abrir comportas e despejar resíduos tóxicos. «Lavar os tanques dos petroleiros ao largo da nossa costa, isso, já é um acto banal», como disse à *Sábado* uma fonte da Armada.

Hoje, já é tecnicamente possível detectar no mar situações anómalas como são os focos de poluição. Há vários satélites a emitir em permanência para estações de recepção, em vários pontos da terra, e caso não existam nuvens é possível obter imagens perfeitas dos sete cantos do planeta.

O Instituto Nacional de Meteorologia e Geofísica está neste momento a equipar uma estação de recepção de imagens de satélites.

«O Estado chegou finalmente à conclusão de que as nossas forças armadas, especialmente a Marinha e a Força Aérea, não estão vocacionadas para o mar. Os equipamentos que temos eram adequados à guerra de África e não ao oceano. É preciso mudar tudo, definir novos objectivos e delinear estratégias», referiu uma fonte militar.

SÁBADO 24 DE FEVEREIRO DE 1990

**Actividade 18** Como vão as águas do mar?

Depois de uma ou duas leituras do texto tentem falar, em pequenos grupos, sobre um dos problemas ecológicos que mais aflige os portugueses – a poluição do mar e das praias. Orientem-se pela seguinte tabela:

| Área marítima portuguesa | Tipos de navios poluentes que passam por essa área | O controlo da costa | Perspectivas para o Futuro |
|---|---|---|---|

**Sie haben gelernt,**

- **wie man aus Texten über Umweltverschmutzung Problemzusammenhänge entnimmt und sich darüber austauscht sowie Vergleiche mit ähnlichen Problemen im eigenen Land anstellt.**

**Actividade 19** Para que todos saibam!

Em grupos de três, faça, uma lista de dez mandamentos, ou seja, dez coisas que vocês acham que se deve fazer ou não fazer para, no nosso dia-a-dia, defendermos o ambiente. São dez frases que se poderiam dependurar na cozinha, para que todos saibam. Cada frase deve ser escrita na segunda pessoa do imperativo (tratamento por tu). Inspirem-se no seguinte vocabulário e escolham o que precisam. Finalmente cada grupo apresenta os seus mandamentos.

o detergente sem fosfato
o saco de plástico
o lixo orgânico/inorgânico
o papel de reciclagem
as bebidas em lata
o «spray» amigo do ozono
os remédios velhos/não no lixo
a água e a luz
o aquecimento
a mudança de óleo

**Sie haben gelernt,**

- **wie man Umweltgebote formuliert.**

## Unidade 9

| Thema/Situation | Lernziele | Grammatik |
| --- | --- | --- |
| **1**<br>**Carta de Pêro Vaz de Caminha sobre o achamento do Brasil**<br>Brief eines Chronisten über die Entdeckung Brasiliens | Wie man einem längeren historischen Text die wichtigsten Informationen entnimmt, diese wiedergibt und sich damit auseinandersetzt<br><br>Wie man in einem Text Gefühlsäußerungen erkennt und sich darüber austauscht | Der *gerúndio*<br><br>Vergleich von *mandar + inf.*, *fazer + inf.* und *deixar + inf.*<br><br>Wiederholung des Imperativs in der indirekten Rede<br><br>Der *mais-que-perfeito simples* |
| **2**<br>**A chegada dos portugueses vista pelos africanos, pelos chineses e pelos japoneses**<br>Angehörige anderer Völker sprechen darüber, wie sie die Portugiesen zur Zeit der Entdeckung sehen | Wie man in Texten verschiedene Sehweisen erkennt, diese wiedergibt, vergleicht und im Gespräch zu erklären versucht<br><br>Wie man Schlußfolgerungen aus den erörterten Sachverhalten zieht | |
| **T** (→ **Apêndice**)<br>**Descobrir, porquê?**<br>Ursachen, Zeittafel, Ziele und Folgen der portugiesischen Entdeckungen | Wie man einem Text landeskundliche Informationen entnimmt und ihn anhand von vorgegebenen Elementen gemeinsam rekonstruiert | |

Tabula hec Regionis magni brasilis est & ad partem occidentalez
Antilias castelle regis obtinet. Gens uero eius nigrescentis coloris.
fera & immanissima carnibus humanis uescitur. Hec eadem gens arcu
& sagittis egregie utitur. Hic psytaci uersicolores alieq innumere a
ues fereq monstruose. et Symiarum plura genera repperiuntur plu
rimaq arbor nascitur que brasil nuncupata uestibus purpureo colo
re tingendis opportuna censetur.
TERRA BRASILIS
CLIMA
C LIMA

# 1 Carta de Pêro Vaz de Caminha a El-Rei D. Manuel sobre o achamento do Brasil

Entre a tripulação da armada de Pedro Álvarez Cabral seguia um cronista, de nome Pêro Vaz de Caminha, cuja missão era documentar os acontecimentos, o que ele fez, escrevendo uma longa carta ao rei de Portugal – D. Manuel I. O Brasil considera esta carta o primeiro documento literário escrito em solo brasileiro. Seguem-se alguns extractos:

Senhor:

Quarta-feira, de Abril

(...) Neste dia, a horas de véspera, houvemos vista de terra! Primeiramente dum grande monte, mui alto e redondo; e doutras serras mais baixas ao sul dele; e de terra chã, com grandes arvoredos: ao monte alto o capitão pôs nome – o MONTE PASCOAL – e à terra – a TERRA DA VERA CRUZ. (...)

Quinta-feira, de Abril

(...) E à quinta-feira, pela manhã, fizemos vela e seguimos direitos à terra, indo os navios pequenos diante, (...)

(...) até meia légua da terra, onde todos lançámos âncoras em frente à boca de um rio. E chegaríamos a esta ancoragem às dez horas pouco mais ou menos. (...)

Dali avistámos homens que andavam pela praia, obra de sete ou oito, segundo disseram os navios pequenos, por chegarem primeiro. (...)

Eram pardos, todos nus, sem coisa alguma que lhes cobrisse suas vergonhas. Nas mãos traziam arcos com suas setas. Vinham todos rijamente sobre o batel; e Nicolau Cœlho lhes fez sinal que pousassem os arcos. E eles os pousaram.

Ali não pôde deles haver fala, nem entendimento de proveito, por o mar quebrar na costa. Dou-lhes somente um barrete vermelho e uma carapuça de linho que levava na cabeça e um sombreiro preto. Um deles deu-lhe um sombreiro de penas de ave compridas, (...)

Sexta-feira, 24 de Abril

(...) E sexta pela manhã, às oito horas, pouco mais ou menos, por conselho dos pilotos, mandou o capitão levantar as âncoras e fazer vela; (...)

Fomos de longo, e mandou o capitão aos navios pequenos que seguissem mais chegados à terra e, se achassem pouso seguro para as naus, que amainassem.

E, velejando nós pela costa, acharam os ditos navios pequenos, (...) um recife com um porto dentro, muito bom e muito seguro, com uma mui larga entrada. E meteram-se dentro e amainaram.

E estando Afonso Lopes, nosso piloto, em um daqueles navios pequenos, (...)

(...) meteu-se logo no esquife a sondar o porto dentro; e tomou dois daqueles homens da terra, mancebos e de bons corpos, que estavam numa almadia. (...)

(...) Trouxe-os logo, já de noite, ao capitão, em cuja nau foram recebidos com muito prazer e festa.

A feição deles é serem pardos, maneira de avermelhados, de bons rostos e bons narizes, bem feitos. Andavam nus, sem cobertura alguma. Não fazem o menor caso de encobrir ou de mostrar suas vergonhas; e nisso têm tanta inocência como em mostrar o rosto. (...)

Os cabelos seus são corredios. E andavam tosquiados, de tosquia alta, (...)

O capitão, quando eles vieram, estava sentado em uma cadeira, bem vestido, com um colar de ouro mui grande ao pescoço, e aos pés uma alcatifa por estrado. Sancho de Tovar, Simão de Miranda, Nicolau Cœlho, Aires Correia, e nós outros que aqui na nau com ele vamos, sentados no chão, pela alcatifa. Acenderam-se tochas. Entraram. Mas não fizeram sinal de cortesia, nem de falar ao capitão nem a ninguém. Porém um deles pôs olho no colar do capitão, e começou de acenar com a mão para a terra e depois para o colar, como que nos dizendo que ali havia ouro. Também olhou para um castiçal de prata e assim mesmo acenava para terra e novamente para o castiçal como se lá também houvesse prata.

Mostraram-lhes um papagaio pardo que o capitão traz consigo; tomaram-no na mão e acenaram para a terra, como quem diz que os havia ali. Mostraram-lhes um carneiro: não fizeram caso. Mostraram-lhes uma galinha; quase tiveram medo dela: não lhe queriam pôr a mão; e depois a tomaram como que espantados.

Deram-lhes ali de comer: pão e peixe cozido, fartéis, mel e figos passados. Não quiseram comer quase nada daquilo; e se alguma coisa provavam, logo a lançavam fora. Trouxeram-lhes vinho numa taça; mal lhe puseram a boca; não gostaram nada, nem quiseram mais. Trouxeram-lhes água em uma albarrada. Não beberam. Mal a tomarem na boca, que lavaram, e logo a lançaram fora.

Viu um deles umas contas de rosário, brancas; acenou que lhas dessem, folgou muito com elas, e lancou-as ao pescoço. Depois tirou-as e enrolou-as no braço e acenava para a terra e de novo para as contas e para o colar do capitão, como dizendo que dariam ouro por aquilo.

Isto tomávamos nós assim por assim o desejarmos. Mas ele queria dizer que levaria as contas e mais o colar, isto não o queríamos nós entender, porque não lho havíamos de dar. E depois tornou as contas a quem lhas dera.

Então estiraram-se de costas na alcatifa, a dormir, sem buscarem maneira de encobrir suas vergonhas, as quais não eram fanadas, e as cabeleiras delas estavam bem rapadas e feitas. O capitão lhes mandou pôr por baixo das cabeças seus coxins, (...)

E lançaram-lhes um manto por cima; e eles consentiram, quedaram-se e dormiram. (...)

(...) E daqui mandou o capitão a Nicolau Cœlho e Bartolomeu Dias que fossem em terra e levassem aqueles dois homens e os deixassem ir com seu arco e setas, e isto depois que fez dar a cada um sua camisa nova, sua carapuça vermelha e um rosário de contas brancas de osso, que eles levaram nos braços, (...) Sábado 25 de A

(...) E mandou com eles, para lá ficar, um mancebo degredado, criado de D. João Telo, a que chamam Afonso Ribeiro, para lá andar com eles e saber de seu viver e maneiras. E a mim mandou que fosse com Nicolau Cœlho. (...)

(...) Ali andavam entre eles três ou quatro moças, bem moças e bem gentis, com cabelos muito pretos e compridos pelas espáduas, e suas vergonhas tão altas, tão cerradinhas e tão limpas das cabeleiras que, de as muito olharmos, não tínhamos nenhuma vergonha. (...)

Terça-feira, de Abril

(...) À terça-feira, depois de comer, fomos em terra dar guarda de lenha e lavar roupa.

Estavam na praia, quando chegámos, obra de sessenta ou setenta, sem arcos e sem nada. Tanto que chegámos, vieram logo para nós, sem se esquivarem. Depois acudiram muitos, que seriam bem duzentos, todos sem arcos; e misturaram-se todos tanto connosco que alguns nos ajudavam a acarretar lenha e a meter nos batéis. E lutavam com os nossos e tomavam muito prazer.

Enquanto cortávamos a lenha, faziam dois carpinteiros uma grande cruz, dum pau, que ontem para isso se cortou.

Muitos deles vinham ali estar com os carpinteiros. E creio que o faziam mais por verem a ferramenta de ferro com que a faziam, do que por verem a cruz, porque eles não têm coisa que de ferro seja, (...)

Quinta-feira, de Abril

(...) À quinta-feira, derradeiro de Abril, comemos logo, quase pela manhã, e fomos em terra por mais lenha e água. (...)

Quando saímos do batel, disse o capitão que seria bom irmos direitos à cruz, que estava encostada a uma árvore, junto com o rio, para se erguer amanhã, que é sexta-feira, e que nos puséssemos todos em joelhos e a beijássemos para eles verem o acatamento que lhe tínhamos. E assim fizemos. A esses dez ou doze que aí estavam acenaram-lhe que fizessem assim, e foram logo todos beijá-la.

Parece-me gente de tal inocência que, se homem os entendesse e eles a nós, seriam logo cristãos, porque eles, segundo parece, não têm, nem entendem em nenhuma crença.

E portanto, se os degredados, que aqui hão-de ficar, aprenderem bem a sua fala e os entenderem, não duvido que eles, segundo a santa intenção de Vossa Alteza, se hão-de fazer cristãos e crer em nossa santa fé, (...)

(...) E pois Nosso Senhor, que lhes deu bons corpos e bons rostos, como a bons homens, por aqui nos trouxe, creio que não foi sem causa.

(...) Esta terra, Senhor, (...)

(...) será tamanha que haverá nela bem vinte ou vinte e cinco léguas por costa. (...)

Nela, até agora, não pudemos saber que haja ouro, nem prata, nem coisa alguma de metal ou ferro; nem lho vimos. Porém a terra em si é de muito bons ares, assim frios e temperados, como os de Entre Douro e Minho, porque neste tempo de agora os achávamos como os de lá.

Águas são muitas; infindas. E em tal maneira é graciosa que, querendo-a aproveitar, dar-se-á nela tudo, por bem das águas que tem.

Porém, o melhor fruto que dela se pode tirar me parece que será salvar esta gente. E esta deve ser a principal semente que Vossa Alteza em ela deve lançar.

(...) E nesta maneira, Senhor, dou aqui a Vossa Alteza conta do que nesta terra vi. (...)

Beijo as mãos de Vossa Alteza.

Deste Porto Seguro, da vossa ilha da Vera Cruz, hoje, sexta-feira, primeiro dia de Maio de 1500.

PÊRO VAZ DE CAMINHA

Estudo introdutório e notas de Maria Paula Caetano e Neves Águas, Publicações Europa-América.

**Actividade 1**

Podemo-nos dividir em grupos de dois ou três participantes, conforme o tamanho da classe. Comecemos por ler os primeiros doze parágrafos até «tosquia alta».

a) Com ajuda do vocabulário, do grupo e do orientador procurem tirar todas as dúvidas.

b) Tentemos agora apresentar em quadros os vários momentos desta narração, encontrando para cada quadro duas ou três frases que resumam o que nele aconteceu.

①

**Quarta-feira, 22 de Abril**

1. Vêem terra

2. ...

②

**Quinta-feira, 23 de Abril**

1. Lançam âncora na foz de um rio

2. ...

3. ...

③

**Sexta-feira, 24 de Abril**

1. Continuaram a viagem

2. ...

3. ...

Vamos ler agora mais seis parágrafos, até «quedaram-se e dormiram», segundo o mesmo sistema de a) e b).

Lemos agora até ao fim

④

**Ainda sexta-feira, 24 de Abril**

1. Descrição do capitão e do ambiente no barco
2. …
3. …

⑤

**Sábado, 25 de Abril**

1. Os índios são levados para terra
2. …
3. …

⑥

**Terça-feira, 28 de Abril**

1. Mais uma ida a terra
2. …
3. …

⑦

**Quinta-feira, 30 de Abril**

1. Primeira tentativa de evangelização dos índios
2. …
3. …

**Actividade 2**

Se for possível, divide-se a classe em seis ou sete pequenos grupos. Cada grupo ocupa-se com um dos quadros acima. Lê novamente esse pedaço de texto e, baseando-se nas frases-chaves 1, 2, 3, tenta contar com as suas próprias palavras o que acabou de ler. A orientadora também pode participar. Se a classe for muito pequena cada grupo terá que se ocupar com dois quadros.

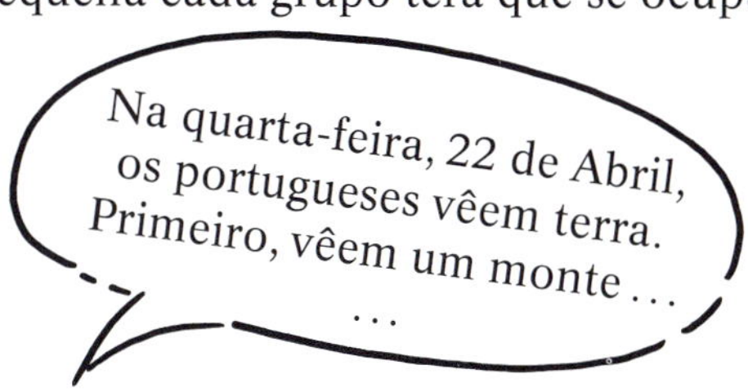

**Actividade 3**

Trabalhem em grupo. Quais destes sentimentos vocês acham que se encontram expressos directa ou indirectamente na carta de Caminha? E onde? (Leiam o texto desde «O capitão, quando eles vieram ...» até ao fim.)

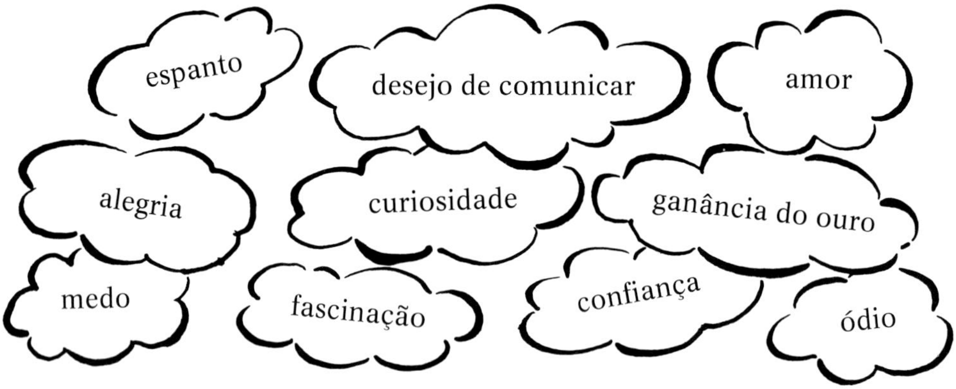


Troquem as vossas impressões no grupo.

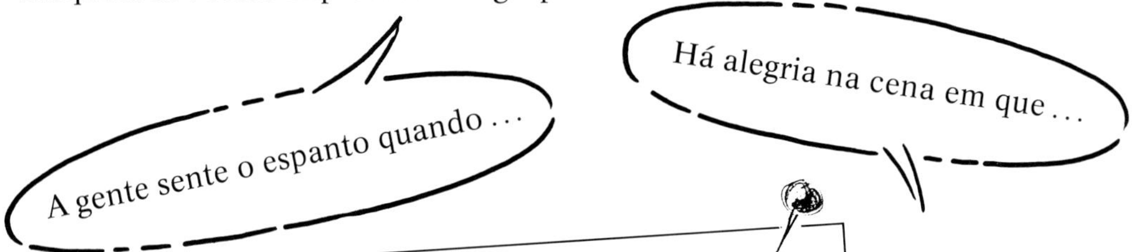


**Sie haben gelernt,**

- **wie man in einem Text Gefühlsäußerungen erkennt und sich darüber austauscht.**

**Actividade 4** Parece-me gente de tal inocência ...

Baseiem-se no último quadro (Quinta-feira, 30 de Abril). Alguém no grupo, já leu, ouviu falar ou viu algum filme sobre a cristianização dos índios?
O que pensam sobre isso?
Porque é que Caminha acha que os índios dariam bons cristãos?

«Diante da carta de Pêro Vaz de Caminha até me vieram as lágrimas aos olhos.»

(Miguel Torga, Diário, XIV)

Porque será que este escritor português, nosso contemporâneo, diz isto? Discutam isto em grupo.

Eu acho que ele diz isso porque ...

**Actividade 5**

Leiam novamente os seguintes parágrafos e digam:
Quais vos parecem ser as principais finalidades destas navegações?

Nela, até agora, não pudemos saber que haja ouro, nem prata, nem coisa alguma de metal ou ferro; nem lho vimos. Porém a terra em si é de muito bons ares, assim frios e temperados, como os de Entre Douro e Minho, porque neste tempo de agora os achávamos como os de lá.

Águas são muitas; infindas. E em tal maneira é graciosa que, querendo-a aproveitar, dar-se-á nela tudo, por bem das águas que tem.

Porém, o melhor fruto que dela se pode tirar me parece que será salvar esta gente. E esta deve ser a principal semente que Vossa Alteza em ela deve lançar.

**Sie haben gelernt,**

- **wie man einem längeren historischen Text die wichtigsten Informationen entnimmt, diese wiedergibt und sich damit auseinandersetzt.**

**Actividade 6**

Gostou de ler este texto? Ou não?
Diga porquê.

**Actividade 7** O capitão mandou.

1. Os seguintes elementos de frase contêm várias ordens, dadas pelo capitão durante a viagem e a primeira estadia dos portugueses no Brasil. Leiam-nas com atenção:

a) pôr à terra descoberta o nome de Terra da Vera Cruz

b) os índios pousar os arcos

d) dar de comer e beber aos índios

c) os navios pequenos seguir mais junto à costa

e) pôr por baixo das cabeças dos índios os seus coxins

f) dar aos índios uma camisa nova

i) os carpinteiros fazer uma cruz

g) levar os dois homens para terra e os deixar seguir com seus arcos e flexas

h) os degredados ficar na aldeia com os índios

j) a tripulação ajoelhar-se e beijar a cruz

k) a tripulação ir a terra buscar mais lenha

2. Usando os elementos que acabaram de ler, como podem continuar as seguintes frases?

a) O capitão mandou pôr à terra descoberta o nome de Terra da Vera Cruz.

O capitão mandou que pusessem à terra descoberta o nome de Terra da Vera Cruz.

Qual das duas possibilidades vocês preferem?

Continuem ...

b) O capitão fez sinal para ...

c) O capitão mandou ...

d) O capitão disse para ...

e) O capitão mandou ...

f) O capitão disse ...

g) O capitão disse ...

h) O capitão mandou ...

i) O capitão mandou ...

j) O capitão fez ...

k) O capitão disse que seria melhor ...

**Actividade 8** Afinal, para quê?

Entre as ordens do capitão três delas tinham uma finalidade bem clara, nomeadamente:

c) procurar um porto seguro

h) aprender a fala e os costumes dos índios

j) mostrar aos índios o respeito que os portugueses tinham pela cruz

Como podem então, continuar as frases c), h) e j)?

c) O capitão mandou ______________________________

______________________ para ______________________

h) O capitão mandou ______________________________

______________________ para ______________________

j) O capitão fez __________________________________

______________________ para ______________________

__________________________________________________

**Actividade 9** Descobrir, porquê?

Sob este título encontra-se no fim do livro, pág. 190, um texto que deverão ler em casa. Na próxima aula, cada um procura um colega e, juntos, tentem formar frases com os elementos abaixo indicados.
Para isso, têm que fazer perguntas um ao outro, do tipo:

Se o colega não se lembra, consultem o texto e, depois de sabida a resposta, completem a tabela abaixo. Sempre que possível, coloquem a data no mapa, no seu lugar certo.

1453
1432
1441
1543
1425
1557
1434
1497 - 98
1500
1488

Constantinopla é tomada pelos
começa a ser povoada
Bartolomeu Dias dobra
Descoberta da Madeira
Gil Eanes
os Açores
Foram descobertos
o Cabo da Boa Esperança
Chegada dos primeiros escravos a
Vasco da Gama
A Madeira
Lagos
no Japão
por Pedro Álvares Cabral.
Descoberta do Brasil
chega à India
Desembarque
dobra o cabo Bojador
Chegada a Macau
turcos

| Datas | Acontecimentos |
|---|---|
| 1425<br>... | Constantinopla é tomada pelos turcos |
| ... | |
| ... | |
| ... | |
| ... | |
| ... | |
| ... | |
| ... | |
| ... | |
| ... | |
| ... | |

**Sie haben gelernt,**

- **wie man einem Text landeskundliche Informationen entnimmt und diese anhand von vorgegebenen Elementen gemeinsam rekonstruiert.**

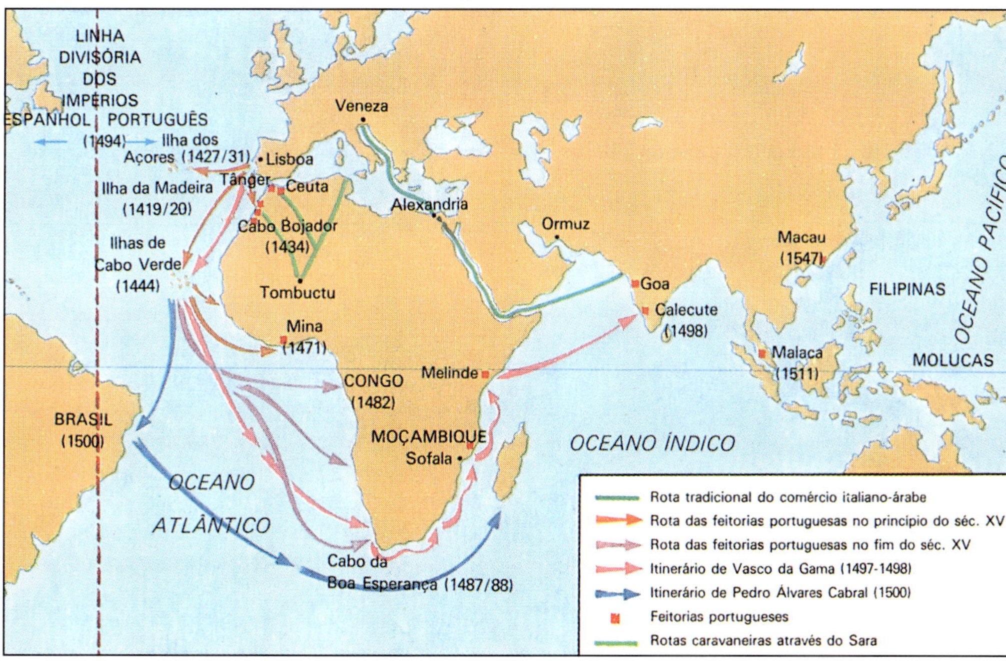

**2**

Mulher africana

## ... PELOS CHINESES

*«Pode dizer-se que o objectivo primeiro da vinda dos Fu-lang-chi [os Portugueses] para a China foi o comércio (...).*

*As gentes Fu-lang-chi são altas e têm grandes narizes. Os olhos são como os do gato e a forma da boca como a da águia. O pêlo cresce-lhes até nas costas das mãos e as suas barbas são vermelhas. Amam o comércio e, apoiados no seu poder militar, têm o hábito de invadir e oprimir os países mais pequenos. Vão a qualquer sítio onde haja lucro. (...). Usam roupas limpas e bonitas.»*

*História dos Ming* (Adaptado)

Homem japonês

História de Portugal (6º ano), Editorial o Livro, Lisboa

## A CHEGADA DOS PORTUGUESES VISTA PELOS AFRICANOS

Uma tradição oral de uma tribo da costa ocidental africana conta ainda hoje de uma forma muito curiosa a surpresa dos negros perante os inesperados visitantes:

*«Um dia sobre o mar surgiu um grande barco. Tinha asas brancas e brilhantes como facas ao sol. Homens brancos sairam da água dizendo palavras que ninguém compreendia. Os nossos antepassados tomaram medo e pensaram que eram «vumbi», almas do outro mundo. Conseguiram fazê-los regressar ao mar disparando nuvens de flechas. Mas os «vumbi» começaram a cuspir fogo com um barulho de trovão...»*

Em F. Braudel, *Civilização Material ..., III.* (Adaptado)

Mulher chinesa

## ... E PELOS JAPONESES

*«Estes homens [os Portugueses] são comerciantes. (...) Bebem em copo sem o oferecerem aos outros. Comem com os dedos (1) e não com pauzinhos como nós. (...) São gente que passa a vida viajando de aqui para além, sem morada certa, e trocam os produtos que possuem pelos que não têm, mas no fundo não são má gente.»*

*Crónica Teppo-Ki* (Adaptado)

[1]) No século XVI, os Europeus ainda só muito raramente usavam o garfo.

**Actividade 10** Quem é essa gente que acaba de chegar?

Leiam o texto n.º 2. Ele contém o testemunho de três povos diferentes sobre o seu encontro com os portugueses. Formem grupos de três. Cada um no grupo deve representar uma destas testemunhas e falar das suas impressões sobre os portugueses.

**Actividade 11** Numa coisa, japoneses e chineses estão de acordo!

Comparando a forma como estes três povos vêem os portugueses, o que acha de comum ou de diferente na sua visão? Procure explicar as diferenças.

**Sie haben gelernt,**

- **wie man in Texten verschiedene Sehweisen erkennt, diese wiedergibt, vergleicht und im Gespräch zu erklären versucht.**

**Actividade 12** Na vossa opinião …

Quais foram as consequências destas viagens para

os povos da África e da América?
os portugueses?
os europeus em geral?

**Sie haben gelernt,**

- **wie man Schlußfolgerungen aus den erörterten Sachverhalten zieht.**

A Torre de Belem na foz do rio Tejo

## Unidade 10

| Thema/Situation | Lernziele | Grammatik |
|---|---|---|
| **1**<br>**Os principais partidos políticos**<br>Eine Einführung in das portugiesische Parteienspektrum | Wie man aus vorgegebenen Materialien Informationen über das Parteienwesen in Portugal entnimmt und Vergleiche mit Deutschland anstellt | |
| **2**<br>**Tudo isto em vinte anos?**<br>Ein zeitgeschichtlicher Rückblick | Wie man aus vorgegebenen Materialien zeitgeschichtliche Informationen entnimmt und zu seinen eigenen Erfahrungen in Beziehung setzt | |
| **3**<br>**Reencontrar África**<br>Portugals Präsenz in Afrika | Wie man aus Zeitungsausschnitten Informationen über Portugals Beziehungen zu Afrika entnimmt und diese bewertet | Wiederholung des *futuro do conjuntivo* und des *imperfeito do conjuntivo* |
| **4**<br>**Adeus, celeiro de Portugal!**<br>Ein Interview über die Auswirkungen der EU-Agrarpolitik in Portugal | Wie man aus einem Hörtext Informationen über die EU-Agrarpolitik für Portugal entnimmt | Wiederholung verschiedener Verbformen im *conjuntivo* und *inf. pessoal*<br><br>*Pretérito mais-que-perfeito do conjuntivo* |
| **5**<br>**Rumo à Europa**<br>Ausblicke auf Portugals Stellung in der EU | Wie man aus Zeitungsausschnitten unterschiedliche Standpunkte über Portugals Stellung in der EU herausfiltert und davon ausgehend eine Diskussion über das Thema „Europa" führt | Überblick über die Zeitenfolge beim Gebrauch von *presente, perfeito, imperfeito* und *mais-que-perfeito do conjuntivo* |

**Actividade 1**

De uma sondagem feita pelo Diário de Notícias de 31. 5. 90 sobre a filiação dos portugueses em partidos políticos, resultaram os seguintes gráficos. Lendo-os com atenção, a que conclusões chegam?

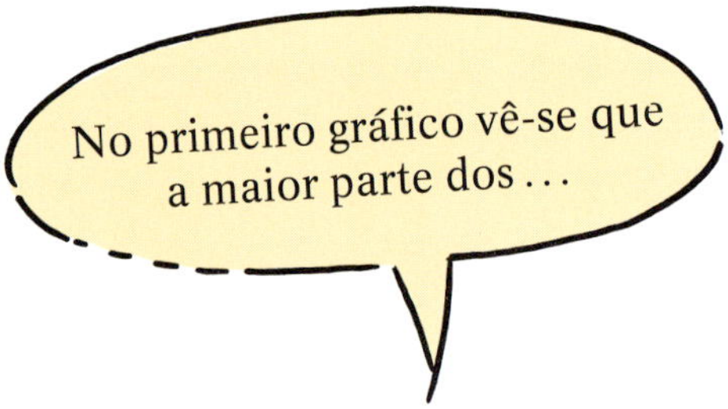


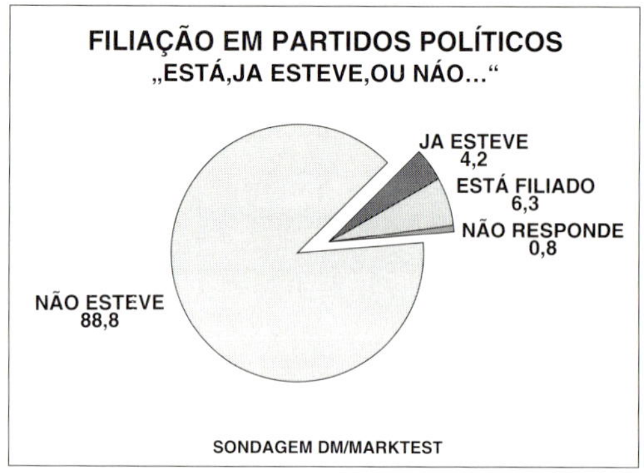


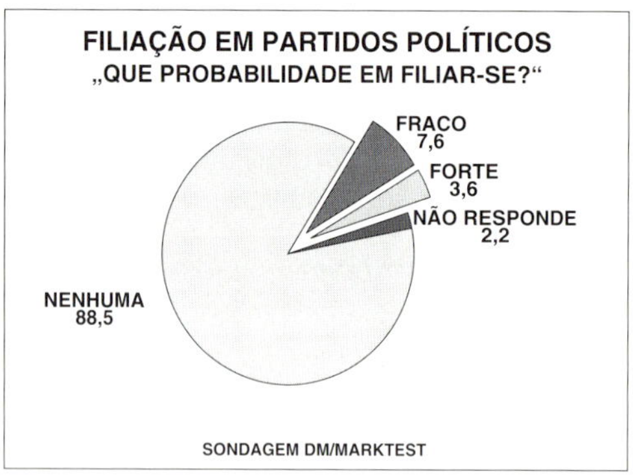


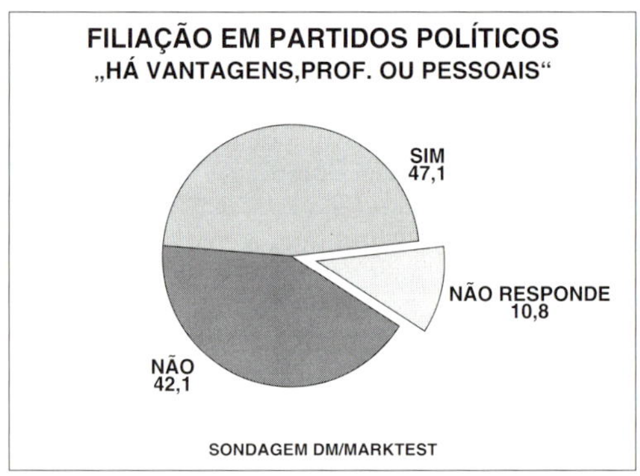


## 1 Os principais partidos políticos

PSD

**Partido Social Democrata (PSD):** fundado em 1974 por Sá Carneiro, é o partido mais forte e governa com maioria absoluta, desde as Legislativas de Julho de 1987. Como principal partido dos governos de coligação entre 79 e 83, conseguiu suprimir da constituição os princípios socialistas e dissolver o Conselho da Revolução. Depois da morte de Sá Carneiro em 1980 (queda de avião), o partido perde imagem, a princípio, mas encontra de novo um chefe dinâmico na pessoa de Cavaco Silva.
O PSD diz-se social democrático, mas situa-se, de facto, mais à direita.

**Partido Socialista (PS):** fundado em 1973, pertence à Internacional Socialista (SI) e liderou os governos entre 1975 e 1978, assim como entre 1983 e 1985. Enquanto que dantes, o PS defendia uma economia planificada democrática, sob a socialização dos meios de produção e a auto-gestão nas empresas, hoje o seu programa económico reclama justiça social e cooperação entre o sector estatal e privado. O PS rejeita qualquer coligação com os comunistas. Depois de ter sofrido grandes perdas nas Legislativas de 1985, o chefe do partido, na altura Mário Soares, conseguiu vencer sucessivamente as eleições presidenciais de 1986 e 1991. Em 1991, o PS fortaleceu a sua posição de segundo maior partido.

**Partido Comunista Português (PCP):** fundado em 1921, legalizado em 1974, foi considerado um partido fiel a Moscovo. Rigorosamente marxista-leninista combateu categoricamente o Eurocomunismo. Depois de 1974 os comunistas portugueses apoiaram a política económica dos militares de esquerda que conduziu às nacionalizações das grandes empresas, bancos e seguros, assim como à ocupação da terra. Enquanto que dantes, nas eleições, eles formavam a parte mais forte na aliança de esquerda «Aliança Povo Unido» (APU), hoje são a principal força na aliança com os verdes «Coligação Democrático Unitária» (CDU). Desde 1985 o seu eleitorado tem diminuído continuamente de 15,4 % para 8,8 %. Um forte eleitorado o PCP só consegue ainda no Alentejo, em Beja, em Aveiro, Lisboa e Setúbal.

**Partido do Centro Democrático Social (CDS):** fundado em 1974, é considerado o único partido importante de centro direita. Rejeita as experiências socialistas e defende uma sociedade livremente organizada. Ele atrai o círculo de pessoas ligadas à burguesia.

De «O caminho de Portugal da Revolução para a estabilidade (democrática)»
Werner Herzog – Das Parlament, Bonn 13.3.92

**Actividade 2**

Quais são os partidos no seu país que lhe parecem corresponder a estes quatro partidos portugueses? Justifique a sua resposta.

Eu diria que o PSD corresponde na Alemanha ao ...

**Sie haben gelernt,**

- **wie man aus vorgegebenen Materialien Informationen über das Parteienwesen in Portugal entnimmt und Vergleiche mit Deutschland anstellt.**

## 2 Tudo isto em vinte anos?

Nos últimos vinte anos, nenhum país da Europa Ocidental mudou as suas estruturas políticas de forma tão radical e turbulenta como Portugal. O pequeno país no Atlântico desmontou uma ditadura, desfez-se do seu império colonial na África e na Ásia, sobreviveu a um «Verão Quente», a onze governos em poucos anos e a duas grandes crises económicas. Hoje é membro da Comunidade Europeia e exibe uma apreciável e estável democracia.

De «O caminho de Portugal da Revolução para a estabilidade (democrática)»
Werner Herzog – Das Parlament, Bonn 13.3.92

### Da revolução à estabilidade democrática

Guerra colonial: o povo português não a quer, Amílcar Cabral também não.

*A Revolução do 25 de Abril*

Otelo Saraiva de Carvalho, estratego militar do 25 de Abril de 1974.

Os cravos passaram a simbolizar o 25 de Abril.

Mário Soares, Presidente da República, eleito em Fevererio de 1986.

Assinatura do Tratado de Adesão de Portugal à Comunidade Económica Europeia, no claustro do Mosteiro dos Jerónimos, em Lisboa.

Em 12 de Junho de 1985.

Numa campanha eleitoral, Cavaco Silva coloca os eleitores perante a alternativa: ou a vitória do PSD ou o regresso à instabilidade política.

**Actividade 3**

Formem pequenos grupos e tentem lembrar-se do que é que aconteceu de mais importante no seu país, nos últimos vinte anos. Quais destas sugestões vocês podem aproveitar para falar?

Guerras? Inflação?
Queda do muro de Berlim?
Aumento do desemprego?
Momentos emocionantes de alegria?
Vitórias desportivas?
Entrada de grande número de refugiados?

Aumento do racismo?
Melhoria do nível de vida?
Catástrofe ecológica? ...

Demonstrações em massa?
Insatisfação na ex-RDA?

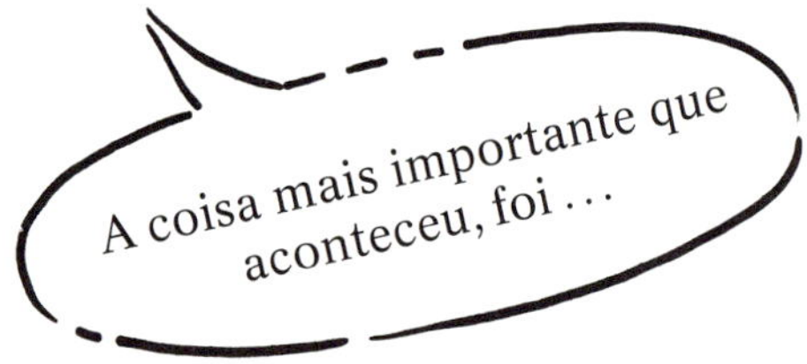


**Sie haben gelernt,**

- **wie man aus vorgegebenen Materialien zeitgeschichtliche Informationen entnimmt und zu seinen eigenen Erfahrungen in Beziehung setzt.**

## 3 Reencontrar África

ÁFRICA

# O 25 de Abril dos palopinhos

*Há cerca de 15 anos que vivem em sistemas de partido único. Agora, ensaiam os primeiros passos no processo de abertura política. Tímido na Guiné-Bissau, mais acelerado em Cabo Verde e S.Tomé e Príncipe. Por isso, há já quem os chame de Palop Democráticos.*

## Guiné-Bissau quer televisão em português

**«O nosso Presidente anunciou que pretendia que no ano 2000 toda a população da Guiné falasse português. Essa intenção do Governo não é compatível com a emissão de programas em francês».**

Portugal vai transmitir a partir de 1991 três horas de televisão para os PALOP

DN 13.10.90

**Processo de intercâmbio com os países africanos de língua oficial portuguesa (PALOP)**

DN 20/4/90

**JOVENS DE ANGOLA E MOÇAMBIQUE APRENDEM CARPINTARIA NAVAL**

DN 8/10/90

## A ilusão de África

Joaquim Vieira

**Os africanos lusófonos dialogam com os portugueses melhor que com qualquer outra comunidade e ambicionam pela sua presença de novo a seu lado (muitos nunca viveram tão bem como nesse tempo). Mas Portugal não pode ter ilusões. Precisa de perder a megalomania, compreendendo, que não vai fazer agora o que não conseguiu em cinco séculos. Precisa de se bater pela integração no seu espaço natural que é a Europa, não usando África como escape ao sentir-se marginalizado comunitariamente. Precisa de desenvolver a sua cultura, europeia, humanista e ocidental. Precisa, por fim, de elaborar um projecto para África que tenha em conta estas realidades.**

Expresso, Sábado 5 de Maio de 1990

## Cooperação com PALOP passa pelas empresas

AS TRANSFORMAÇÕES por que estão a passar os países africanos exigem um grande contributo das empresas, da ciência e da tecnologia, disse ontem em Lisboa o embaixador da Guiné-Bissau, Hugo Borges. Hugo Borges falava na abertura da Conferência Luso-Africana Universidade-Empresa.

DN 29.10.90

### Na área do trabalho e emprego

# PALOP recebem formação

Portugal tem em curso uma série de acções de cooperação com os cinco PALOP, no âmbito da área do trabalho, emprego, formação profissional e segurança social que só para este ano rondam os 300 mil contos,

DN 29.10.90

**Actividade 4** Portugal e os PALOP.

1. Lendo os recortes de jornal acima, conseguem descobrir o que significa a palavra PALOP?
2. Como vos parecem ser as relações de Portugal com as suas ex-colónias, quinze anos depois da sua independência?

3. De que tipo são essas relações? Culturais? Comerciais? De cooperação e ajuda?
4. Discutam em grupo as vossas conclusões.

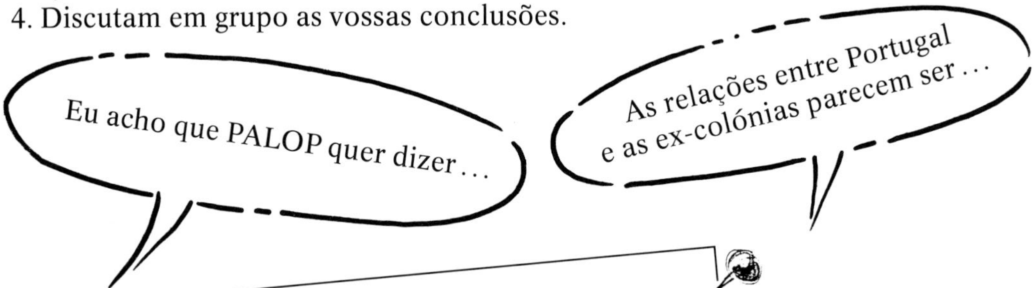


**Sie haben gelernt,**

- **wie man aus Zeitungsausschnitten Informationen über Portugals Beziehungen zu Afrika entnimmt und diese bewertet.**

**_Actividade 5_** Se me derem garantias de segurança, eu volto.

Seguem-se várias afirmações de pessoas que no futuro gostariam de voltar para África, mas sob certas condições...
As frases estão no infinitivo. Coloque-as no tempo certo e ligue as condições que elas põem à esquerda, com as suas decisões à direita. Comece as frases com **se** e compare-as com as da sua colega.

**Se...**

| | |
|---|---|
| 1. dar-me garantias de segurança, | voltar para África. |
| 2. conseguir abrir um escritório em Cabo Verde, | ficar lá como agente de turismo. |
| 3. poder fazer o serviço cívico em África, | ir para lá trabalhar como cooperante. |
| 4. saber que eles realmente terminaram a guerra, | voltar para Angola para vender peixe. |
| 5. haver paz e segurança em Moçambique, | voltar e abrir uma padaria como dantes. |

**Actividade 6** Eu voltava, se não fosse tão velho ...

As seguintes frases foram ditas por pessoas que também gostariam de voltar para África, mas algumas já não podem, outras acham isso no momento impossível.
Como podem ligar os desejos à esquerda com as dificuldades à direita?

| | |
|---|---|
| 1. Trabalhei 33 anos em Moçambique e voltava para lá, se ... | não ser tão velho. |
| 2. De café entendo eu muito e gostaria de voltar a trabalhar num cafezal em Angola, se ... | a paz estar consolidada. |
| 3. Sou fascinada por plantas africanas e gostaria de trabalhar num projecto agro-industrial, se ... | a burocracia não ser tão grande. |
| 4. Sempre fui agricultor e voltaria já, se a minha mãe ... | não estar tão doente. |
| 5. Dezenas de empresas portuguesas poderiam competir com as estrangeiras, pela sua longa experiência africana, se ... | haver uma ajuda financeira do estado. |

## 4 Adeus, celeiro de Portugal!

O diálogo que vamos ouvir a seguir é baseado numa reportagem do «Público» de 12.7.92 sobre Manuel Caldas de Almeida, agricultor e filho de latifundiário do Alentejo. A reportagem é da autoria de Nuno Ferreira.

Jornalista: Desde quando trabalha na herdade dos seus pais?
Manuel: Desde 1985 que foi quando acabei em Lisboa o curso de medicina.
Jornalista: E o que prefere, a medicina ou a agricultura?
Manuel: Sou apaixonado por ambas, mas o futuro da agricultura aqui no Alentejo é tão incerto, que no momento dedico-me mais à medicina.
Jornalista: E o que é que aconteceu à agricultura?
Manuel: Olhe, 1985, o ano em que eu peguei nesta herdade, coincidiu com a integração de Portugal na CEE. Foi uma época de grande entusiasmo. Havia cursos para jovens agricultores, subsídios comunitários ... A mensagem da CEE era «Vocês têm de se modernizar e têm poucos anos para isso.»
Então, eu comecei a investir, comprei novos tractores, uma máquina laser, novos semeadores – enfim, endividei-me. E ao mesmo tempo que eu investia, os preços da produção aumentavam. Agora que estou cheio de dívidas, temos uma seca que destruíu tudo. A seca de 92 é até agora, a maior do século! E ainda por cima, a PAC (Política Agrícola Comum) mudou de repente de política. Até agora a CEE queria que eu modernizasse para produzir mais e melhor, agora, quer que eu não produza e paga-me para eu não produzir.
Jornalista: Como é que isso se compreende?
Manuel: Eu ... até compreendo a lógica deles. Se a França produz milho mais barato, são eles que devem produzir e não nós. Portugal deixou de ser, pura e simplesmente, um país agrícola.
Já imaginou o que vamos ter que importar?! Para a CEE, o Sul de Portugal está pensado como área de lazer para a Europa. A palavra de órdem agora é a florestação, os coutos de caça e o turismo rural ... Eu tenho que pensar tudo de novo! E como eu, tantos outros ... Estes últimos 3 anos puseram-me doente. Se eu tivesse adivinhado tudo isto, não tinha investido um tostão!

| | |
|---|---|
| Como é que tudo mudou tão de repente? | É verdade. Portugal **deixou de** ser um país agrícola. |
| E o que vais fazer? | Vou **deixar de** pensar tanto no futuro. |
| Onde achas que está o erro? | Sei lá. Se **eu tivesse adivinhado** tudo isto, **não tinha investido** tanto dinheiro ... |

**Actividade 7**

Depois de ouvirem uma ou duas vezes a cassete, digam qual destas frases estão certas ou erradas.

| | certo | errado |
|---|---|---|
| 1. Manuel prefere ser médico a ser agricultor. | ☐ | ☐ |
| 2. Quando Portugal entrou para a CEE e recebeu subsídios para modernizar a agricultura, ele não quis investir. | ☐ | ☐ |
| 3. Ele está endividado por causa da seca de 1992. | ☐ | ☐ |
| 4. Ele não compreende a política da CEE. | ☐ | ☐ |
| 5. A CEE vê o Sul de Portugal como área de caça e turismo. | ☐ | ☐ |

**Actividade 8** Nem tudo são rosas, na CEE.

Ouçam mais uma vez a cassete e, trabalhando dois a dois, contem um ao outro qual era a política da PAC (Política Agrícola Comum) há uns anos atrás e agora. Porque mudou? Quais são os planos da CEE para o Sul de Portugal?

**Actividade 9** O pai queria que ele tirasse o curso de medicina.

Como podem continuar estas frases?

1. O pai do Manuel queria que ele ______________________
(tirar o curso de medicina)

2. O Manuel adora medicina, embora ______________________
(estar muito ligado à terra)

3. O Manuel gostava de se dedicar mais à agricultura, se esta não ____________
(ter um futuro tão incerto)

4. A CEE dantes queria que os agricultores ______________________
(modernizar-se e produzir mais)

5. Agora paga-lhes para eles ______________________
(não produzir)

6. O Manuel não estaria tão endividado se não ______________________
(ter comprado tantas máquinas)

7. Ele não teria investido tanto, se ______________________
(ter sabido de tudo mais cedo)

8. Ele estaria mais desesperado, se ______________________
(não ser médico)

9. As mulheres teriam direito ao subsídio de desemprego se ______________________
(ter trabalhado 181 dias)

10. Para nós é difícil fazer planos, sem ______________________
(saber o futuro)

**Sie haben gelernt,**

- **wie man aus einem Hörtext Informationen über die EG-Agrarpolitik für Portugal entnimmt.**

## 5 Rumo à Europa

### Bons ventos e bons casamentos*

(...) Portugal e Espanha viveram alheados um do outro durante séculos, (...)

Em poucos anos, a Espanha transforma-se no principal parceiro de Portugal e recebe investimentos dos portugueses. Tem havido uma maior corrente de lá para cá, é verdade. Mas o importante é que as portas se abriram e o entendimento é evidente.

Este redescobrimento de países vizinhos aconteceu um pouco por culpa da Europa Comunitária, onde os dois países entraram ao mesmo tempo. (...)

*S – Quais são hoje, no panorama internacional e para além da questão europeia, os interesses comuns de Portugal e Espanha?*

JDP** – Há interesses comuns designadamente quanto à América Latina, (...)

Trata-se, por exemplo, de garantir ou facilitar o investimento privado de empresas europeias e de joint ventures no mercado latino-americano e vice-versa. Como sabe, nós com o Brasil já estamos hoje num plano completamente diferente daquele que existia há três anos: temos, inclusive, um clube de empresários do Brasil a funcionar em Lisboa – duzentas e tal empresas que se instalaram em Portugal com vista ao mercado único de 93. Elas reconhecem o papel que o Governo português tem desempenhado mas sentem que há muito mais a fazer.

*S – E não há nenhuma carta africana em jogo?*

JDP – Há. Se tivermos de optar, como parceiros de cooperação em África, entre países comunitários, deveremos dar preferência a Espanha, com quem temos mais laços históricos e culturais. (...)

SÁBADO 7 DE DEZEMBRO DE 1990

* Um velho provérbio português diz: «De Espanha, nem bom vento, nem bom casamento.»

** João Deus Pinheiro, Ministro dos Negócios Estrangeiros, em 1990.

# Euromercado euroconsumo

Em 1993, quando Portugal estiver totalmente integrado no Mercado Interno europeu, cada português irá sentir na sua vida de todos os dias, para o bem e para o mal, o que quer dizer a palavra Europa.

Em termos práticos, isso significa que, em 93, todos os produtos de consumo da Europa, com os seus respectivos preços «europeus», estarão «disponíveis» para o cidadão português. Agora, o cidadão português é que pode estar muito pouco «disponível de massas» para lhes chegar.

A única trela com que o Governo poderá passear um país irrequieto numa Europa que anda à solta é manter os baixos salários para quase todos. A política é simples: quem não tem dinheiro não tem vícios. Deste modo, por muito champanhe e «sauerkraut» que apareça por aí à venda, sem dinheiro não se compra ...

O problema é que a própria produção nacional baratucha - e às vezes boa - irá também passar ao preço europeu. E o europeu que tem dinheiro tem vícios e vai comprá-la. Em termos caricaturais, tudo isto poderá significar: nós, comprar, compramos pouco; o que produzimos, vende-se, porque vale demais para guardar, e depois arrendamos aí umas hortas encostadas às linhas do TGV e vamos lá buscar umas batatas e umas feijocas ...

EXPRESSO, SÁBADO 2 DE FEVEREIRO DE 1991

Mário Soares alerta para o facto de Portugal ser, na CE, o país com mais baixo rendimento «per capita», inferior à Grécia e à Irlanda.

**Sie haben gelernt,**

- **wie man aus Zeitungsausschnitten unterschiedliche Standpunkte über Portugals Stellung in der EG entnimmt und davon ausgehend eine Diskussion über das Thema „Europa" führt.**

**Actividade 10** Vozes contrárias.

Depois de lerem os extractos dos dois artigos acima, formem grupos de três. Cada um escolhe uma das seguintes frases-chaves e tenta explicar para os colegas o conteúdo das frases, baseando-se no texto. É natural que tenha que se preparar um pouco, lendo o texto outra vez, sobretudo a parte que se refere à sua frase.

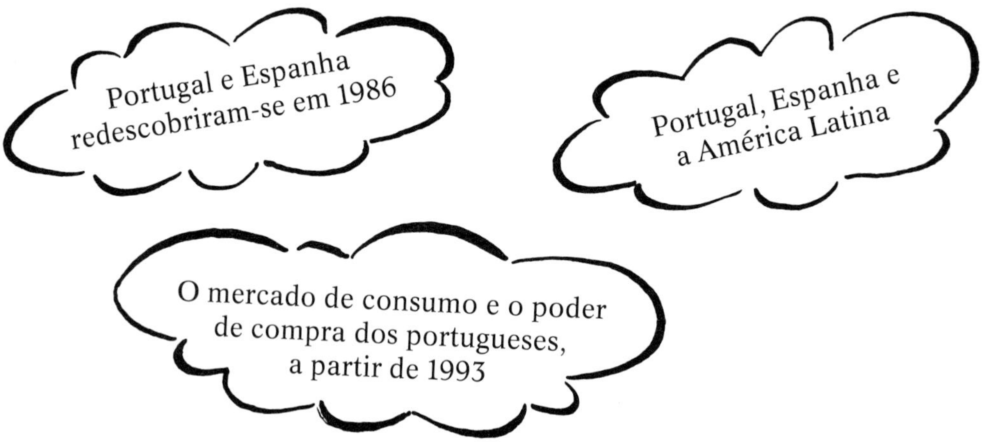


**Actividade 11** Li, outro dia, um artigo interessante …

O que é que já leu, viu na televisão ou observou nas suas viagens ao estrangeiro, que esteja relacionado com o tema «Comunidade Europeia»? Troque as suas impressões com os seus colegas de grupo.

**Actividade 12** Os prós e os contras.

Tentem agora fazer uma discussão na classe sobre o tema «Vantagens e desvantagens da Comunidade Europeia».

# Chegar aqui

...
e navegámos tanto tempo
São Gabriel Santa Maria Frol de la Mar
Não há dúvida temos um passado
Talvez demais
Talvez tanto que não deixa lugar para o futuro
Mas fomos pelo mar chegámos longe
E agora Portugal o que será de ti
Se não formos capazes de chegar aqui.

Manuel Alegre

# O Jogo do Dragão

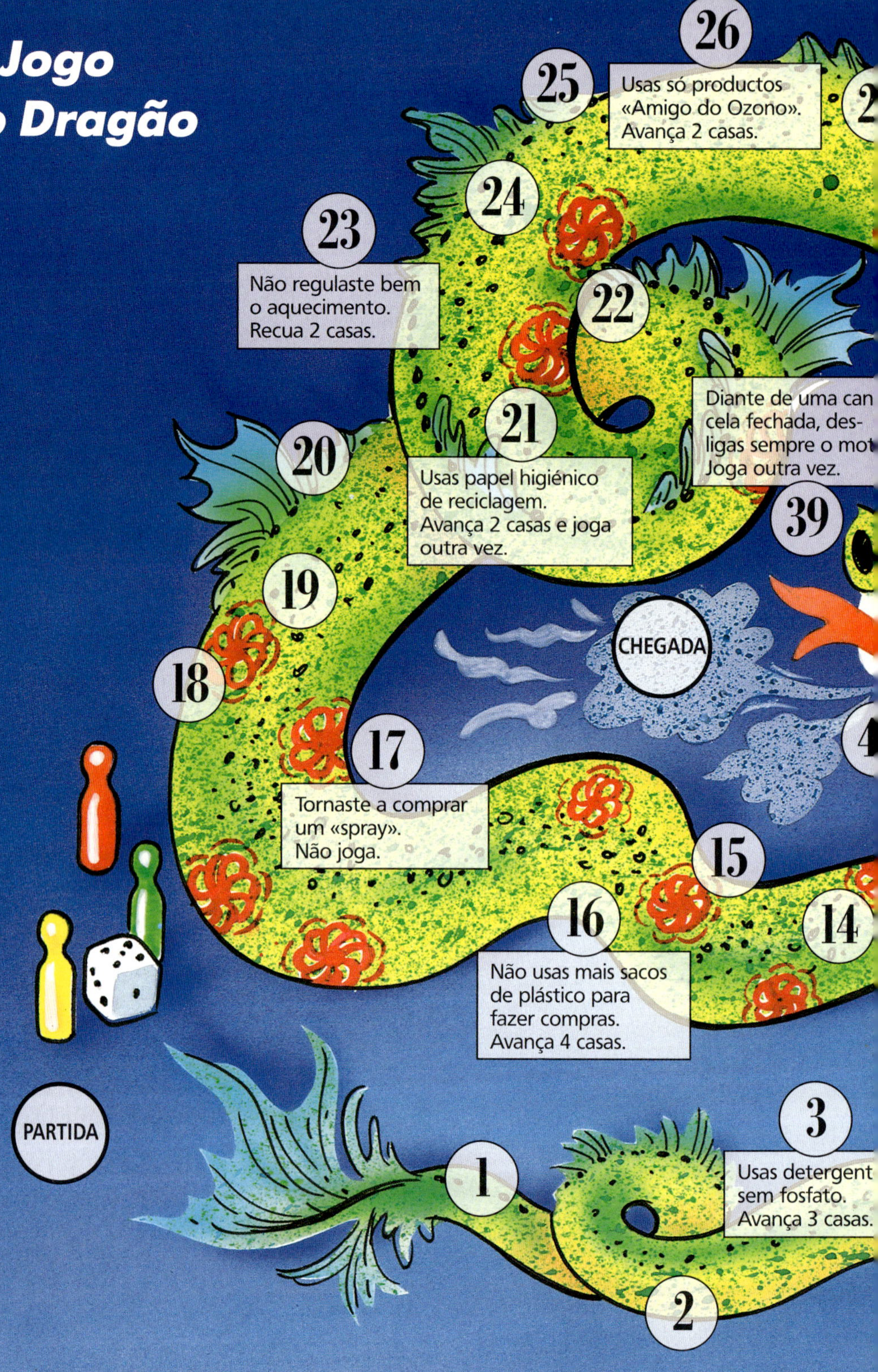

28
31
Andas sempre a grande velocidade. Recua 5 casas.
32
29
30
33
Sempre que possível, usas a bicicleta. Joga outra vez.
34
Esqueceste-te outra vez de apagar a luz. Não joga.
35
36
Tu não deitas baterias no lixo normal. Avança 3 casas.
38
13
tas papel no normal. cua 3 casas.
11
Compraste novas lâmpadas que poupam muita energia. Joga outra vez.
12
9
10
8
Compraste outra vez cerveja em lata. Volta ao início.
5
Deitas garrafas no lixo, em vez de deitá-las no vidrão. Não joga desta vez.
6
4
7

# Descobrir, porquê?

## A crise na Europa

Há, no fim da Idade Média, uma crise em toda a Europa que se encontra despovoada pelas guerras e pela peste. *Falta mão-de-obra,* sobretudo nos campos onde morreu mais gente. *Falta trigo. Faltam metais e ouro* para cunhar moeda. Desde a Tomada de Constantinopla pelos turcos, os muçulmanos passam a controlar o comércio que vem do Oriente. As mercadorias chegam à Europa cem vezes mais caras.
Torna-se portanto urgente encontrar um caminho marítimo para a India. *Ir buscar as riquezas onde elas existem* é uma ideia que surge sem escrúpulos e «legitimada» pela cristianização dos povos. É o começo do expansionismo europeu. Pela sua situação geográfica, tradição marítima e não só, coube a Portugal, então com um milhão de habitantes, iniciar este período da história mundial.

## O início da expansão portuguesa

Como saída para a crise económica, surge entre os portugueses a ideia de conquistar *Ceuta,* rica cidade de Marrocos, ponto de encontro das caravanas que traziam por terra o ouro e as especiarias.
*Ceuta é conquistada em 1415.* Os árabes, porém, desviam as rotas do ouro e das especiarias para outras cidades. Este insucesso económico leva os portugueses a procurarem novos locais de comércio na costa ocidental africana, até então desconhecida dos europeus.

## Como chegar às novas terras?

Os navegantes, que até aqui só conheciam a navegação costeira, são levados pelos ventos e correntes a afastarem-se da costa e a navegarem no mar alto onde necessitam de instrumentos do orientãçao, navios especiais, conhecimentos científicos e muita coragem. Sob o impulso de Henrique o Navegador, começa-se a desenvolver uma *técnica náutica* que no séc. XV e XVI atinge o mais alto grau de desenvolvimento com a experiência de viagens dos pilotos e os trabalhos de matemáticos, astrónomos, astrólogos e cartógrafos nacionais e estrangeiros.
Na *construção naval* aperfeiçoa-se um tipo de navio pequeno e rápido, capaz de navegar contra o vento e a tempestade, sem sair da rota – *a caravela.* Mais tarde, nas grandes viagens de meses e anos, a caravela é substitųda por navios maiores – *a nau* e, *o galeão.*
Estavam criadas condições para os descobrimentos portugueses.

**Alguns dos acontecimentos mais importantes entre 1415 - 1460**
**Época do infante D. Henrique**

**1425 Início do povoamento da Madeira**
Tanto a Madeira como os Açores encontravam-se desertos quando foram descobertos por navios portugueses. A Madeira era coberta de uma floresta tão densa (daí o nome de Madeira) que para povoá-la foi necessário fazer um grande fogo que destruíu a maior parte dessa floresta. O infante D. Henrique, senhor da ilha, divide as terras por portugueses e estrangeiros (capitanias), para que sejam cultivadas vinhas, cereais, cana-do-açúcar e criado gado.

**1432 Descoberta dos Açores**
que foram povoados como a Madeira.

**1434 Gil Eanes dobra o Cabo Bojador**
Até então, acreditava-se que não se podia navegar a sul do Cabo Bojador, porque as enormes tempestades e os monstros marinhos faziam desaparecer os barcos, o mar era fogo e o calor era tanto que os homens brancos se tornavam negros. Em 1434, após doze tentativas, Gil Eanes dobra o Cabo Bojador pondo fim ao mito do mar Tenebroso.

**1441 Chegada dos primeiros escravos negros a Lagos**
Na sociedade africana da época, as mulheres e os escravos eram as principais riquezas. O comércio de escravos era tradicionalmente feito pelos Sudaneses, através do Sara. A existência desta rede de comércio dentro da própria sociedade africana permite compreender como foi possível o acesso a um tão grande número de escravos. Quando começa a colonização do Brasil, eles são mandados em barcos negreiros e em condições sub-humanas, para trabalhar na plantação do açúcar, o que dá a este comércio uma nova dimensão.

**1444 Descoberta de Cabo Verde**

## A era de Vasco da Gama

**1488 Bartolomeu Dias dobra o Cabo da Boa Esperança,**
provando que os oceanos Atlântico e Índico estão ligados entre si. O caminho para a Índia está aberto.

**1494 Assinatura do Tratado de Tordesilhas**
Em 1493 chega a Lisboa Cristóvão Colombo afirmando ter chegado à Índia por Ocidente, a serviço dos reis de Espanha. Portugal é, nessa altura, o único país

da Europa a saber que Colombo estava enganado e, por isso, tenta garantir os seus direitos nessa área. Inicia-se um conflito entre os dois reinos que só é resolvido pela intervenção do Papa. Os dois monarcas assinam o Tratado de Tordesilhas em que se fixam as áreas de influência de cada um deles.

**1497 – 98 Vasco da Gama chega à Índia**
depois da viagem mais longa e difícil que a História conheceu até então. Desvia as especiarias da Índia da sua rota normal para Lisboa e Antuérpia, pelo oceano Índico e pelo Cabo da Boa Esperança (a rota do Cabo). Lisboa torna-se o centro de todo o comércio africano e oriental e é uma das cidades mais caras do mundo. O luxo daqueles que enriquecem com o comércio (a burguesia e parte da nobreza) toma aspectos nunca vistos. O povo continua a viver na miséria, agora agravada pelo desemprego que a vinda de grande quantidade de escravos provocou no país.

**1500 Pedro Álvares Cabral chega a Terras da Vera Cruz**
Esta terra recebe mais tarde o nome de *Brasil,* por nela existir uma grande quantidade de pau-brasil, madeira cor de «brasa», e de grande valor na Europa. Durante anos os portugueses só se deslocaram ao Brasil para trazer essa madeira. O principal interesse estava na Índia e as suas riquezas. Só quando o comércio português no Oriente começa a decair, e franceses e holandeses começam a cobiçar o Brasil, é que se inicia a sua colonização.

## A decadência do império

**1530 Início da colonização do Brasil**
O Brasil é dividido em capitanias. O dono de cada capitania é obrigado a defender, povoar e cultivar a sua zona. Para isso, levavam de Portugal povoadores – *colonos* – animais e plantas. Introduz-se a *cana-de-açúcar.* Como os índios brasileiros eram poucos (muitos tinham morrido ao contacto com as doenças dos europeus) e não estavam habituados a trabalhar na agricultura, os portugueses começam a levar da costa ocidental africana para o Brasil escravos para trabalhar nos engenhos de açúcar. À medida que o açúcar começa a dar lucro, aumentam os ataques de franceses, holandeses e ingleses.

**1512 Os portugueses chegam a Timor**

**1543 Os portugueses desembarcam no Japão**
É a primeira vez que os japoneses vêem europeus.

**1557 O mandarim de Cantão dá aos portugueses a península de Macau**